## Об авторе
## Д-р Джей Рок Ли

Д-р Джей Рок Ли стоял на пороге смерти, но после семи лет страданий от различных неизлечимых болезней он встретил Живого Бога и полностью исцелился. С тех пор д-р Джей Рок Ли получил призвание в качестве служителя Божьего и в 1982 году основал церковь Манмин в Сеуле, Корея. За 27 лет своего существования Манмин превратилась в общину, насчитывающую 100,000 членов. В своем служении д-р Джей Рок Ли являет силу Иисуса Христа и прославляет Бога знамениями и чудесами. Многочисленными свидетельствами Бог снова и снова подтверждает проповеди д-ра Ли, провозглашаемые им во время крусейдов в таких странах, как Уганда, Япония, Пакистан, Кения, Филиппины, Гондурас, Индия, Россия, Германия, Перу, ДР Конго, Нью-Йорк в США и Израиль. Эти крусейды получили широкое международное освещение на телевидении и в сети Интернет. Так, «Крусейд Святого Евангелия – 2000» в Уганде транслировался по каналу CNN. Прозвучавшая на прошедшем в иерусалимском Международном центре конгрессов (МЦК) «Объединенном крусейде – 2009» в Израиле проповедь о том, что Иисус Христос есть Мессия, транслировалась в прямом эфире на 220 стран. На сегодняшний день д-р Джей Рок Ли является автором 59 исполненных драгоценного Слова Жизни книг, которые приводят миллионы людей на путь спасения. Одной из его сильнейших работ является «Слово о кресте»: эта книга пробудила от духовного сна многие души по всему миру.

# Around the World

Явив знамение силы Божьей, он дерзновенно проповедует миру о Боге, Единственном Спасителе человечества Иисусе Христе и об истинности всего библейского Писания.

«Восстань, светись!»
(Исаия, 60:1)

«Ибо земля наполнится познанием славы Господа, как воды наполняют море» (Аввакум, 2:14)

Десятки зарубежных крусейдов, проведенных д-ром Джей Роком Ли, потрясли мир силой Святого Духа

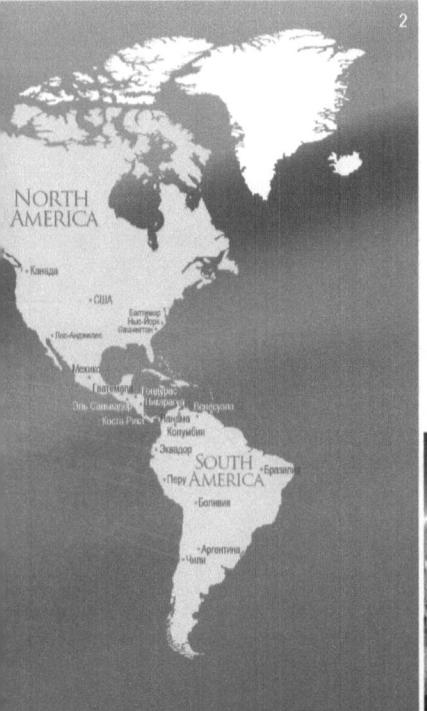

1 Крусейд Святого Евангелия в Кении
2 Всемирное служение Центральной церкви Манмин
3 Объединенный Крусейд в Пакистане
4 Крусейд Святого Евангелия в Уганде
5 Крусейд Возрождения и Исцеления на Филиппинах
6 Крусейд Чудесного Исцеления в Гондурасе
7 Крусейд Исцеления в Перу

# Around the World

«Но вы примете силу, когда сойдет на вас Дух Святый; и будете Мне свидетелями в Иерусалиме и во всей Иудее и Самарии и даже до края земли» (Деяния, 1:8).

Десятки международных крусейдов, проведенные д-ром Джей Роком Ли, потрясли мир силой Святого Духа

1 Фестиваль чудесных исцелений в Демократической Республике Конго
2 Объединенный крусейд в Израиле
3 Крусейд в Нью-Йорке
4 Фестиваль исцелений в Германии
5 Фестиваль чудесных исцелений в России
6 Молитвенный фестиваль чудесных исцелений в Индии

«Однажды сказал Бог, и дважды слышал я это, что сила у Бога» (Псалтирь, 61:12)

Десятки международных крусейдов, проведенные д-ром Джей Роком Ли, потрясли мир силой Святого Духа

Через отмеченного силой и присутствием Божьим д-ра Джей Рока Ли даже в наши дни являют себя библейские исцеления, которые не под силу человеку. На каждом из международных крусейдов бесчисленное множество людей получило Божьи исцеления от таких неизлечимых и смертоносных болезней, как СПИД, рак и др. Для их незамедлительного исцеления достаточно было общей молитвы д-ра Ли: проповеднику не требовалось даже возлагать на больных руки.

1 Объединенный крусейд в Израиле
2 Молитвенный фестиваль чудесных исцелений в Индии
3 Аудиенция у президента Демократической Республики Конго Джозефа Кабилы в 2006 году

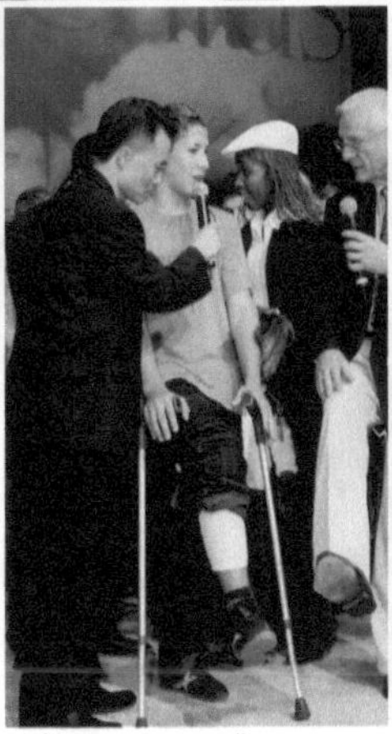

Множество людей свидетельствует о своем чудесном исцелении

## Центральная церковь Манмин

Центральная церковь Манмин благовествует в Корее и по всему миру

На май 2010 года Манмин насчитывает 40 поместных церквей и 13 святилищ в основных городах Южной Кореи и около 9,000 приходов по всему миру. Каждое богослужение в Центральной церкви Манмин транслируется в прямом эфире в корейских и многочисленных зарубежных приходах через спутники «NSS-6» и «ThaiCom 5», по каналу ГХС и через сеть Интернет. Кроме того, Манмин ведет активное служение в сфере публикации христианских книг, газет и журналов, и проводит выступление групп прославления. Манмин занимает лидерские позиции во всемирном служении и подготовке миссионеров для благовестия Северной Корее. Во славу Божью Центральная церковь Манмин взяла на себя обязательства по возведению Великого святилища.

1 Пасхальная кантата
2 Юбилей церкви
3 Церемония зажигания Рождественских огней
4 Празднование Дня благодарения
5 Церемония открытия ГХС
6 Конференция ВСВХ – 2006
7 Оркестр «Нисси»

«Восстань, светись, [Иерусалим], ибо пришел свет твой, и слава Господня взошла над тобою» (Исаия, 60:1).

# СЛОВО О КРЕСТЕ

# СЛОВО О КРЕСТЕ

Доктор Джей Рок Ли

СЛОВО О КРЕСТЕ
доктор Джей Рок Ли
Издано «Урим Букс» (Представитель: Сонг Кон Вин)
235-3, Guro-dong3, Guro-gu, Seoul, Korea

Все права защищены международным законодательством об авторских правах. Настоящая книга, целиком или частично, не может быть воспроизведена ни в какой форме, сохранена в поисковой системе или переведена в любой электронный формат путем механической обработки, фотокопирования, записи или как-то иначе без письменного разрешения издателя.

Все цитаты из Священного Писания, если это не оговорено иначе, взяты из текста Библии в Синодальном переводе.

Авторские права © 2010 Др. Джей Рок Ли
ISBN 978-89-7557-335-4 03230
Перевод – Др. Эстер Ку Енг Чонг. Использовано с разрешения. Первоначально издано на корейском языке «Урим Букс», Сеул, Корея. Авторские права © 2002, ISBN: 89-7557-006-1

Первая редакция книги опубликована в июле 2005 г
Вторая редакция первого издания - сентябрь 2009 г.
Третья редакция - Май 2010 г.

Редактор: д-р Джеум Сан Вин
Разработано Редакционным бюро «Урим Букс», тираж отпечатан издательской компанией «Дисунг Принтинг Компани», Сеул, Корея.
За дополнительной информацией обращайтесь по эл. почте:
urimbook@hotmail.com

# ПРЕДИСЛОВИЕ

**Я желаю вам понять Божье сердце и Его великий план любви и заложить прочное основание своей веры.**

Начиная с 1986 года, *«Слово о Кресте»* привело неисчислимое множество людей на путь спасения и продемонстрировало различные деяния Святого Духа в ходе многих зарубежных крусейдов. Наконец Бог Отец благословил меня на его публикацию. За что я благодарю и славлю Его!

Многие люди говорят, что веруют в Бога Творца и познали любовь Его Сына Иисуса Христа, на самом же деле они проповедуют Евангелие неуверенно. Фактически, лишь немногие христиане понимают сердце и провидение Божье. Более того, некоторые христиане отдалились от Бога, потому что не нашли четких ответов на многие вопросы, отображенные в Библии, или оказались не в состоянии понять чудного провидения Божьей любви.

Например, что бы вы ответили, если бы вас спросили: «Почему Бог сотворил дерево познания добра и зла и разрешил человеку вкусить от него?», «Почему Бог сотворил ад, хотя и принес в жертву Своего Сына Иисуса

Христа ради грешников?». Наконец, «Почему *только Иисус* является Спасителем?».

В первые годы моей христианской жизни я не был способен понять глубину промысла Божьего о сотворении мира и Его тайный замысел, сокрытый во кресте. После того как я почувствовал призвание стать служителем Евангелия, я стал спрашивать себя: «Что я могу сделать, чтобы больше людей встало на путь спасения и прославляло Господа?». Меня осенило, что с Божьей помощью я должен понять смысл каждого слова из Библии, включая самые трудные для понимания места, и проповедовать Слово по всему миру. Я постился и молился об этом настолько часто, насколько это было возможно. Прошло семь лет, прежде чем я начал получать откровения от Бога.

В 1985 г., горячо молясь, я исполнился Духом Святым. Господь начал разъяснять мне скрытые прежде тайны Своего провидения. Это было *Слово о Кресте*. Я проповедовал его во время каждого воскресного утреннего собрания в течение двадцати одной недели. Аудиозаписи проповедей из цикла *Слово о Кресте* оказали влияние на множество людей, живущих как в Корее, так и за границей. Где бы я ни проповедовал Путь спасения, Святой Дух проявлялся словно сияющий огонь. Многие люди каялись в своих грехах и исцелялись от недугов и болезней. Они избавлялись от сомнений в провидении Божьем и обретали истинную веру и жизнь вечную. Прежде они не достаточно знали о Боге и Его глубокой любви к нам. Через эти проповеди они начали понимать Божий план, встретились с Господом и обрели надежду на вечную жизнь.

Если вы поймете четко, почему Бог сотворил дерево познания добра и зла в Эдемском саду, то вы сможете понять и Его план по возделыванию человечества, и любовь Божью. Более того, понимая истинный смысл своей жизни, вы сможете бороться со своими грехами, вплоть до пролития крови; всеми силами будете стараться уподобиться Господу Иисусу Христу и будете верны Богу до самой смерти.

Книга *Слово о Кресте* раскроет вам таинство Божьего замысла, сокрытого во кресте, и поможет заложить твердый фундамент истинной и благополучной христианской жизни. Каждый читатель этой книги сможет познать сокровенное Божье провидение и Его любовь, обрести истинную веру и вести христианскую жизнь, угодную Господу.

Я благодарю директора и сотрудников издательского бюро, которые приложили все силы для публикации этой работы. Я также благодарен бюро переводов.

Пусть бесконечное множество людей поймут сокровенное провидение Божье, встретятся с Богом Любви и обретут спасение как истинные дети Божьи! Я молюсь обо всем этом во имя Господа Иисуса Христа!

*Джей Рок Ли*

# ВВЕДЕНИЕ

*«Слово о Кресте»* есть мудрость и сила Божья и мощная проповедь, которая должна повлиять на христиан всего мира!

Я воздаю хвалу и благодарность Богу Отцу за Его покровительство в работе над изданием книги *«Слово о Кресте»*. Многие члены церкви «Манмин» по всему миру с нетерпением ожидали выхода этой книги. Она дает ясные ответы на вопросы, которыми не могут не задаваться христиане: «Каким был Бог Творец до начала времен?», «Почему Бог сотворил человека и послал его в этот мир?», «Почему Бог сотворил дерево познания добра и зла в саду Эдемском?», «Почему, чтобы искупить наши грехи, Бог принес в жертву Своего Единственного и Единородного Сына?», «Почему Бог задумал спасти людей, используя грубый деревянный крест?», – и многие другие вопросы.

Эта книга состоит из одухотворенных проповедей д-ра Джей Рока Ли, она просвещает читателя, приводя к пониманию необъятной и великой любви Божьей.

Глава 1-я, «Бог Творец и Библия», расскажет вам о Боге и о том, как Он действует среди нас. В этой главе вы найдете свидетельства о Живом Боге, которые помогут осознать истинность Библии в свете истории человечества. Более того, она опровергает теорию эволюции и доказывает неопровержимость сотворения мира Богом.

Глава 2-я, «Бог есть Творец и Возделыватель человека», свидетельствует о том, что Бог сотворил Вселенную и все, что в ней, и создал человека по Своему подобию. Кроме того, эта глава рассказывает читателям об истинном смысле человеческой жизни и о том, почему Бог взращивает людей как собственных духовных детей.

Глава 3-я, «Дерево познания добра и зла», содержит ответы на фундаментальный для всех христиан вопрос: «Почему Бог сотворил дерево познания добра и зла?». Эта глава детально объясняет причины этого и помогает вам понять глубокую любовь и тайное провидение Бога, Возделывателя человечества на земле.

Глава 4-я, «Тайна, сокрытая до начала времен», объясняет отношение между законом выкупа земли и духовным законом спасения человечества (Левит, 25). Она также объясняет, что из-за грехов все люди должны были быть обречены на смерть, но Бог уготовил удивительный путь их спасения еще до начала времен. Наконец, в этой главе читатели узнают, почему Бог хранил в тайне путь спасения человечества до избранного Им времени и насколько Иисус соответствует требованиям закона о выкупе земли.

Глава 5-я, «Почему Иисус – наш единственный

Спаситель?», объясняет, каким образом Божий план спасения человечества был сокрыт еще до начала времен и исполнился через Иисуса; причины Его распятия; благословения и права детей Божьих; значение имени «Иисус Христос»; причину, по которой Бог не дал другого имени под небом, кроме имени Иисуса Христа, которым люди должны быть спасены, и так далее. Вы ощутите безмерную любовь Божью, если поймете духовный смысл послания, которое содержит эта глава.

Глава 6-я, «Провидение Креста», просветит читателя, в чем глубина смысла страданий Иисуса. Почему Иисус родился в хлеву и был положен в ясли, если Он в действительности был Сыном Божьим? Почему Он был нищ всю Свою жизнь? Почему Его тело терзали, терновый венец впивался в голову, а руки и ноги были пробиты гвоздями? Почему Он страдал от боли и из Него сочилась кровь и проливались воды?

Эта глава содержит точные ответы на эти вопросы и поможет вам осознать духовный смысл Его страданий. Всевозможные болезни и недуги, включая нищету, разлад в семье, трудности на работе и так далее, будут решены через веру и понимание духовного смысла страданий Иисуса. Эта глава поможет вам познать глубочайшую любовь Божью, избавиться от всякого зла и «соделаться причастниками Божеского естества».

Глава 7-я, «Последние семь слов Иисуса на кресте», объясняет духовный смысл последних слов, произнесенных

Иисусом перед смертью на кресте. Благодаря им становится ясно, что Иисус исполнил миссию, данную Ему Богом Отцом. Эта глава призывает осознать великую любовь Иисуса к человечеству, ожидать Его Второго пришествия и, с надеждой на воскресение из мертвых, вести непримиримую борьбу со злом до самого конца.

Глава 8-я, «Истинная вера и вечная жизнь», расскажет вам о том, что мы становимся едины с нашим Женихом Иисусом Христом, лишь обладая истинной верой. Библия предостерегает, что некоторые, кто говорят, что веруют в Спасителя Иисуса Христа, не смогут получить спасение в Судный День. Библия призывет не только принять Иисуса Христа, но, ради вечного спасения, причащаться к Плоти Сына Человеческого и к Его Крови. Истинную веру, которая укажет вам путь спасения, вы сможете обрести тогда, когда будете есть Его Плоть и пить Его Кровь. Эта глава также объяснит вам природу истинной веры и пути ее обретения, и расскажет о том, что следует делать, чтобы достичь полноты спасения.

Глава 9-я, «Родиться от воды и Духа», основывается на диалоге между Иисусом и Никодимом. Этим диалогом подытоживается *Слово о Кресте*. До возвращения Иисуса Христа ваше сердце должно постоянно обновляться Словом и Святым Духом. Вы должны хранить в чистоте ваши дух, душу и тело до самого Второго пришествия Господа Иисуса Христа, когда Он примет вас как Свою прекрасную Невесту.

В главе 10-й, «Что такое ересь?», размышляется о природе ереси и заблуждениях по этому вопросу. Сегодня многие люди, по легкомыслию или незнанию библейского определения ереси, ошибочно считают ересью и неправдой могущественные деяния Божьей силы. Эта глава содержит предупреждение о том, что не следует винить в ереси и осуждать деяния Святого Духа, и на примере некоторых еретических деноминаций объясняет, как отличить Дух истины от духа неправды. Наконец, эта глава подчеркивает, что вы должны бодрствовать, постоянно молиться и ходить в истине, чтобы не поддаться искушению духом неправды.

Апостол Павел в 1-ом посл. к Коринфянам, 1:18, говоря о слове о кресте, сказал о мудрости Божьей: *«Ибо слово о кресте для погибающих юродство есть, а для нас, спасаемых, - сила Божия»*. Каждый может обрести истинную веру, встретить Живого Бога и радоваться христианской жизни, открыв для себя тайну креста и осознав глубину замысла Божьего, исполненного великой любовью к человечеству.

*«Слово о Кресте»* должно стать основополагающим учением вашей жизни. Поэтому я прошу во имя Господа, чтобы вы заложили фундамент своей христианской жизни и обрели полноту спасения и вечную жизнь.

*Джеум Сан Вин,*
директор редакционной коллегии.

## СОДЕРЖАНИЕ

**Глава 1 _ Бог Творец и Библия • 1**
- Ошибочность теории эволюции
- Бог есть Творец
- «Я есмь СУЩИЙ»
- Бог Всеведущ и Всемогущ
- Бог - Автор Библии
- Всякое Слово Библии - истинно

**Глава 2 _ Бог есть Творец и Возделыватель человека • 29**
- Путь спасения человечества
- Бог создает человека
- Почему Бог возделывает человечество?
- Бог отделяет пшеницу от соломы

## Глава 3 _ **Дерево познания добра и зла** • 49

- Адам и Ева в Эдемском саду
- Адам не повиновался по своей собственной свободной воле
- Возмездие за грех – смерть
- Почему Бог поместил дерево познания добра и зла в саду Эдемском?

## Глава 4 _ **Тайна, сокрытая до начала времен** • 73

- Власть Адама передана дьяволу
- Закон о выкупе земли
- Тайна, сокрытая до начала времен
- Иисус отвечает требованиям закона

Глава 5 _ **Почему Иисус – наш единственный Спаситель?** • 91
- Провидение спасения через Иисуса Христа
- Почему Иисус был повешен на деревянном кресте?
- Нет другого имени в мире, кроме Иисуса Христа

Глава 6 _ **Провидение Креста** • 111
- Рожден в хлеву и положен в ясли
- Иисус жил в нищете
- Бичевание и пролитие Его Крови
- Терновый венец на голове
- Одежды Иисуса и Его хитон
- Его руки и ноги пробили гвоздями
- Голени Иисуса не были перебиты, но бок Его пронзен

Глава 7 _ **Последние семь слов Иисуса на кресте** • 153
- «Отче! прости им»
- «Ныне же будешь со Мной в раю»
- «Жено! се, сын Твой... се, Матерь твоя!»
- «Элои! Элои! ламма савахфани?»
- «Жажду»
- «Совершилось!»
- «Отче! в руки Твои предаю дух Мой»

## Глава 8 _ Истинная вера и вечная жизнь • 181

- Тайна сия велика!
- Ложное исповедание не ведет к спасению
- Плоть и Кровь Сына Человеческого
- Прощение только по хождению в Свете
- Вера, сопровождаемая делами, есть истинная вера

## Глава 9 _ Родиться от воды и Духа • 229

- Никодим приходит к Иисусу
- Иисус помогает духовному разумению Никодима
- Рождение от воды и Духа
- Три свидетеля: Дух, Вода и Кровь

## Глава 10 _ Что такое ересь? • 245

- Библейское определение ереси
- Дух истины и дух лжи
- Остерегайтесь некоторых еретических сект

СЛОВО О КРЕСТЕ

Глава 1

# Бог Творец и Библия

- Ошибочность теории эволюции
- Бог есть Творец
- «Я есмь СУЩИЙ»
- Бог Всеведущ и Всемогущ
- Бог - Автор Библии
- Всякое Слово Библии - истинно

## СЛОВО О КРЕСТЕ

*«В начале сотворил Бог небо и землю».*
Бытие, 1:1

Теории о происхождении человека и жизни в целом породили множество не похожих друг на друга, противоречивых суждений. В основном, их подразделяют на две категории: креационизм и эволюционизм.

Сторонники креационизма, с одной стороны, утверждают, что Бог создал Вселенную и все, что в ней, по Своей мудрости. Те, кто верят в теорию сотворения мира, убеждены в теоцентризме, то есть в том, что именно Бог по Слову Своему, записанному в Библии, управляет жизнью и смертью, подъемами и падениями человечества. Поэтому они живут согласно Божьему Слову, в надежде на обретение Царства Небесного.

С другой стороны, последователи теории эволюции настаивают на том, что все многообразие живых существ спонтанно возникло из безжизненных объектов, пройдя путь от примитивных организмов до высокоразвитых. Кроме того, эволюционисты считают, что из одного организма развилось бесчисленное множество других. Они верят в случайность зарождения жизни. Поэтому они не признают Бога Творца и не имеют надежды на Царство Небесное. Соответственно, те, кто верят, что все сосредоточено в руках самого человека, - антропоцентристы, преследуют исключительно меркантильные интересы в жизни.

Они вынуждены постоянно думать о материальной стороне жизни - пропитании, одежде и тому подобном, потому что в решении жизненных проблем, полагаются на собственные силы, а не на Бога Творца. К тому же, они стремятся получить максимум удовольствия от жизни, находясь в непрерывном поиске того, что может компенсировать их одиночество и пустоту. Однако ничто в этом мире не может принести им истинной радости. Ведь в конце концов они превратятся в горсть праха. Насколько бессмыслен этот круг!

Две, столь противоположные, теории оказали влияние на осознание человеком целей и смысла жизни, став, в конечном итоге, решающим фактором в том, что нас ждет впереди: вечная жизнь или вечная смерть. Это необходимо понимать ясно и четко.

## Ошибочность теории эволюции

В наши дни мы являемся свидетелями того, что прогресс науки только опровергает теорию эволюции. На самом деле, поверить в теорию эволюции намного сложнее, чем в сотворение мира. Если оценивать теорию эволюции с научных позиций, то окажется, что вероятность того, что Вселенная и все живое в ней зародилось благодаря эволюции, будет равна одному из ста миллиардов.

## Эволюционизм основывается на бездоказательных гипотезах

По версии эволюционистов, вначале произошел «Большой взрыв», который сформировал Вселенную. Они считают, что Солнечная система и планета Земля возникли из водорода. Вода на Земле появилась в результате нейтрализации кислоты в земной коре и щелочи - на ее поверхности. У них появилась гипотеза, что в течение сотен миллионов лет вода вымывала минеральные вещества и соли, формируя океаны. И уже в мировом океане стихийно зародилась жизнь.

Теория эволюции первоначально основывалась на догадках, сделанных Чарльзом Дарвином во время его пятилетнего путешествия на борту корабля «Бигл», которое началось в 1831 году. Во время своего путешествия, наблюдая за растениями и животными, он предположил, что все растения и животные на Земле прошли путь эволюции - от более низких к более высшим формам, из одного вида сформировался другой - и что человек произошел от обезьяны.

В своей книге *«Происхождение видов»* Дарвин представил гипотезу, что живые существа спонтанно возникли из неживых объектов. Эта гипотеза не является доказанным фактом и носит временный характер. Можем ли мы поверить в эволюционизм на основе одной лишь этой гипотезы?

### Ископаемые не подтверждают эволюцию

Об ошибочности теории эволюции также свидетельствуют данные раскопок. Останки или следы животных, погребенных в осадочных породах земли, образовавшихся из-за резких сдвигов земной коры, часто хорошо сохраняются. Обычно эти находки приводят в качестве свидетельств в пользу эволюции, но это не соответствует действительности.

Скорее, эти ископаемые доказывают, что все живые организмы были сотворены согласно свойствам вида, к которому они принадлежат. Исследования найденных к настоящему времени ископаемых останков позволяют убедиться в том, что между разными видами имеются очевидные различия, причем останки промежуточных видов по сей день не обнаружены.

Было также доказано, что окаменелости, якобы подтверждающие гипотезу о происхождении человека от обезьяны, являются останками либо человека, либо примата, но никак не промежуточных видов животных.

Например, челюстная кость и фрагмент черепа человека, найденные в 1912 году вблизи Пильтдауна (Великобритания), по оценкам экспертов, насчитывают по крайней мере 500 тыс. лет. Эти останки считались промежуточной формой жизни, иллюстрирующей постепенность процесса эволюции человека.

Однако внимательное исследование и анализ показали, что останки человеческого черепа и челюстной кости обезьяны в данном случае были перепутаны, и они насчитывают не более чем несколько тысяч лет. Кроме того, доказано, что эти кости были обработаны раствором, содержащим железо, и подвергнуты шлифовке для придания им более древнего вида. Ученые с мировой репутацией разоблачили обман. Некто объединил кости примата и человека, чтобы это выглядело так, будто они принадлежат человекообезьяне.

### Даже эволюционисты отрицают реальность эволюции

На прошедшей в Чикаго (США) в 1980 году Международной конференции по эволюции, по иронии, даже сами эволюционисты опровергали теорию Дарвина. Они пересмотрели свои утверждения и признали, что межвидовая эволюция невозможна.

Эволюционизм, хотя и является ошибочным учением, принес человечеству колоссальный урон, став одной из основ коммунизма и атеизма. В Послании к Римлянам, 1:25, сказано: *«Они заменили истину Божию ложью, и поклонялись, и служили твари вместо Творца, Который благословен вовеки, аминь»*. Этот стих говорит о том, что ценности многих людей настолько разрушились, что они пришли к отрицанию Бога Творца.

Итак, коммунизм, основывающийся на материалистическом эволюционизме и атеизме, пренебрегает человеческим достоинством и ни во что не ставит жизнь человека, сеет между людьми террор, нищету и смерть.

## Бог есть Творец

Сегодня людьми написано бесконечное множество книг, но ни одна книга в мире, кроме Библии, не дает столь подробного и ясного ответа на вопросы о происхождении и сотворении Вселенной, о начале и конце рода человеческого.

Библия дает ясный ответ на вопрос о происхождении Вселенной и жизни. В Бытии, 1:1, сказано: *«В начале сотворил Бог небо и землю»*, а в Послании к Евреям, 11:3, говорится: *«Верою познаем, что веки устроены словом Божиим, так что из невидимого произошло видимое»*.

Не все видимое было создано из некой уже существующей субстанции. Оно было сотворено из «ничего» по Божьему велению.

Человек способен изготовить нечто из чего-то уже существующего. Чтобы создать что-нибудь, он может трансформировать или совместить имеющиеся материалы, но человек не в силах сотворить что-то из ничего.

Невозможно себе представить, чтобы человек смог создать живой организм. Даже если ему удалось развить научные технологии настолько, чтобы создать искусственный интеллект или клонировать овец, он все же не в силах сотворить из ничего даже амебу.

Поэтому люди всего лишь извлекают жизнь из того, что сотворил Бог, и комбинируют ее разными способами. Но не более того.

Таким образом, следует понимать, что лишь Бог в состоянии сотворить нечто из ничего. Лишь Бог Творец сотворил Вселенную по Своему велению, и Он управляет мирозданием, всей историей, жизнью и смертью, благословениями и проклятиями человечества.

### Свидетельства в пользу веры в Бога Творца

Все – дом, стол, даже гвоздь – сконструировано кем-то. Само собой разумеется, у обширной Вселенной должен быть Создатель. Должен быть Создатель, который сотворил и управляет ею. Это и есть Бог Творец, о Котором постоянно говорит нам Библия.

Чтобы увидеть избыток доказательств в пользу сотворения, стоит всего-навсего оглянуться вокруг. Вот один простой пример: представьте себе, какое количество людей живет на Земле. Независимо от расы, возраста, пола, общественного положения и тому подобного, у каждого из них - пара глаз, пара ушей, нос с двумя ноздрями и один рот.

Хотя животные обладают некоторыми видовыми различиями, они имеют схожесть в физиономическом строении. Например, у слона - удлиненный нос (хобот), но он расположен в центре лицевой части головы слона и надо ртом. Но никак не над глазами, не подо ртом и не на макушке. У каждого слона две ноздри, два глаза, два уха и один рот. Все птицы в воздухе, рыбы в океане или реке имеют подобную физиономическую структуру.

У животных не только есть схожесть в физиономическом строении. Идентичны также и пищеварительная и репродуктивная системы млекопитающих. Аналогичным образом, все они потребляют пищу через ротовое отверстие, и все, что попадает в рот, отправляется в желудок и потом выходит из организма. Все млекопитающие спариваются с особями другого пола и дают потомство.

Если собрать воедино все эти очевидные факторы, то совершенно невозможно объяснить их совпадениями или причислить к доказательствам теории эволюции, основанной на принципе «естественного отбора». Это невозможно объяснить теорией эволюции.

Итак, факт общности органических структур у человека и животных является достаточным доказательством в пользу сотворения Вселенной Богом Творцом. Если бы Бог был не един, а существовало бы несколько богов, то животные имели бы разное число органов и различное анатомическое строение.

Кроме того, если поближе присмотреться к природе и Вселенной, то в них можно найти еще больше доказательств сотворения. Сколь прекрасно осознание того, что все объекты Солнечной системы, включая вращающуюся Землю, движутся без малейшего отклонения!

Взгляните на часы на своем запястье. Они состоят из огромного числа сложнейших деталей. Стоит изъять хотя бы самую малую из них, и они сломаются. Таким образом, эта Вселенная была создана и существует согласно Божьему провидению.

Например, ни человек, ни какая-либо другая форма жизни не может существовать без Луны, вращающейся вокруг Земли. Луна не может располагаться ни ближе, ни даже самую малость дальше от Земли. Бог поместил ее туда, где она есть, именно для того, чтобы сделать возможным существование человека на Земле.

Из-за существующего положения Луны ее гравитационное воздействие обуславливает приливы и отливы на Земле. Приливы обеспечивают очищение морских вод. Схожим образом, всё во Вселенной было создано и строго движется согласно провидению Божьему.

### Почему некоторые люди не верят в Бога Творца?

Есть люди, которые веруют в Бога Творца и живут по Его Слову. Почему же люди, которые наделены умом и способны находить ответы на любые вопросы в науке, не верят в Бога Творца?

Если еще в детстве вы узнали от верных христиан о Живом Боге и то, что Он – Всесильный Творец, то вам не будет сложно уверовать в Бога Творца.

Однако сегодня многие люди попадают под влияние эволюционизма в подростковом возрасте, ведь существует так много «знаний», не все из которых обязательно правдивы. Вы также общаетесь с теми, кто не верит в Бога или сомневается в Нем.

Если достаточно долго живешь в такой среде, то при посещении церкви, где звучит Слово Божье, вы нередко испытываете сомнения и внутренний конфликт, не будучи в состоянии уверовать в Бога Творца, так как они противоречат с ранее приобретенными вами знаниями.

Покуда вы не избавитесь от мыслей и знаний, которые дает вам мир, даже регулярное посещение церкви не поможет вам обрести духовную веру – веру, даруемую Богом, которой незнакомы какие-либо сомнения.

Вы не сможете уверовать в Небесное Царство и ад без духовной веры. Для вас зримый мир есть единственный мир, в котором вы живете по-своему.

Сколько раз вы видели, как некие теории, некогда принимаемые и почитаемые всеми, были опровергнуты или заменены новыми? Даже при отрицательном ответе на этот вопрос, следует согласиться, что общепринятые теории и догадки постоянно пересматриваются из-за вновь обнаруженных фактов.

С течением времени и развитием науки, человек изобретает все лучшие объяснения и теории, хотя они и остаются несовершенными. Я не настаиваю на том, что исследования, проводимые многими учеными, ошибочны.

Однако в мире существует многое из того, что не может быть объяснено человеком, и этот факт следует признавать.

Например, если говорить о Вселенной, никто из жителей Земли не сумел достичь отдаленных ее частей и никому не удалось побывать в далеком прошлом. И все же люди пытаются объяснить устройство Вселенной с помощью различных гипотез и теорий.

До того как человек побывал на Луне, некоторые считали, что где-то в Солнечной системе могут существовать живые организмы. Но после путешествия на Луну было заявлено, что за пределами Земли жизни нет. Теперь ученые утверждают, что есть вероятность существования живых организмов на Марсе, или же говорят: «На Красной планете имеются следы воды».

Даже если исследования проводились длительное время и вам удалось расширить свои знания, не ведая воли, провидения и силы Бога Творца, вы, рано или поздно, достигнете предела человеческих способностей.

Поэтому-то в Послании к Римлянам, 1:20, сказано: *«Ибо невидимое Его, вечная сила Его и Божество, от создания мира через рассматривание творений видимы, так что они безответны».*

Всякий, кто способен открыть свое сердце и созерцать, обязательно ощутит силу Бога и Его божественную природу через Его творения - Солнце, Луну и звезды - и позволит нам познать и уверовать в Него.

## «Я есмь СУЩИЙ»

Слыша о Боге Творце, многие люди удивляются: «Возможно ли это, чтобы Он существовал до начала времен?», «Откуда Он пришел?» или «Как Он выглядел?».

Человеческие знания не могут преодолеть определенного предела, диктующего разуму, что у всего должно быть начало и конец. Поэтому мы требуем ясных ответов на подобные вопросы. Однако Бог существует за пределами человеческого понимания. Он «был», «есть» и «грядет».

Глава третья Исхода изображает эпизод, в котором Бог повелел Моисею повести израильтян в землю Ханаанскую. В ответ Моисей спросил у Бога, как ему следует ответить на вопрос об имени Божьем.

Тогда Бог сказал Моисею: *«Я ЕСМЬ СУЩИЙ»*, и повелел ему ответить сынам Израилевым: *«СУЩИЙ послал меня к вам»* (Исход, 3:14).

«СУЩИЙ» – это имя, которым Бог обозначил Самого Себя; оно значит, что никто не давал рождения Богу и никто не создавал Его и что Он есть совершенное Существо, Сам Творец.

### Бог был Светом и Словом в начале времен

Евангелие от Иоанна, 1:1, гласит: *«В начале было Слово, и Слово было у Бога, и Слово было Бог»*. Таким образом, Бог, бывший в начале Словом, есть Сущность, пребывавшая некогда в абсолютном одиночестве и Которая не являлась чьим-либо творением. Как и где Он пребывал?

Бог есть Дух, поэтому Он находился в ипостаси Слова в четвертом измерении, в духовном мире, а не в мире видимом. Бог не обладал образом, но был глубоким и прекрасным Светом и чистым, ясным Звуком, и Он правил всей Вселенной.

Поэтому 1-е послание Иоанна, 1:5, гласит: *«И вот благовестие, которое мы слышали от Него и возвещаем вам: Бог есть свет, и нет в Нем никакой тьмы»*. Этот стих имеет духовное значение, выражающее способ существования Бога, который изначально был Светом.

В начале Бог существовал как Свет и Звук. Этот Звук, глас Божий, чист, сладостен и мягок, он витает надо всей Вселенной. Всякий, лично слышавший глас Божий, может это понять.

В то же время Бог СУЩИЙ разделил Себя на Троицу, чтобы взрастить Своих истинных детей, с которыми Он бы мог разделить Свою любовь. Ведь нужен был Сын, который бы исполнил миссию Спасителя, и Святой Дух, который бы исполнил миссию Утешителя.

## Бог пребывал в одиночестве до начала времен

Поэтому-то в Откровении, 22:13, сказано, что «*Я есмь Альфа и Омега, начало и конец, Первый и Последний*». Тут говорится о Боге Отце, Боге Сыне и Боге – Святом Духе.

Бог разделился на Бога Отца, Который есть Альфа и Омега всякого знания человеческого и всякой цивилизации; Бог Сын есть начало и конец человеческого спасения; Бог – Святой Дух есть начало и конец возделывания человечества. Таким образом каждая ипостась Троицы обладала Своим ликом, необходимым для обретения истинных духовных детей.

Бытие, 1:26, ясно показывает образ Троицы, и это тот же образ, который был у Бога при сотворении неба и земли: «*И сказал Бог: сотворим человека по образу Нашему и по подобию Нашему, и да владычествуют они над рыбами морскими, и над птицами небесными, и над скотом, и над всею землею, и над всеми гадами, пресмыкающимися по земле*».

Бог Творец существовал до начала времен, Он задумал воспитать Своих истинных духовных детей и приступил к исполнению этого замысла. Поэтому, чтобы прийти к полному пониманию Бога СУЩЕГО, требуется отказаться от собственных догадок, теорий и стереотипов и поверить в Божественное происхождение мира.

В отличие от того, что сотворил Бог, все созданное людьми обладает ограничениями и изъянами. Благодаря постоянному развитию знаний и цивилизации, плоды человеческого труда обретают все более улучшенные формы, но и они все же имеют многочисленные недостатки.

Некогда люди изготавливали истуканов из золота, серебра, бронзы и металла и называли их «богами», поклоняясь им и испрашивая благословений. Но это всего лишь деревянные, металлические или каменные истуканы, которые не могут ни дышать, ни говорить, ни моргнуть глазом (Кн. пророка Аввакума, 2:18-19).

Люди могут заявлять о своей мудрости, но на самом деле они не способны отличить правду от неправды; скорее, они изваяют себе истуканов, будут поклоняться им и называть своими богами (Посл. к Римлянам, 1:22-25). Какое позорное свидетельство глупости!

Итак, люди, которые поклонялись лжебогам, не ведая Бога истинного, должны искренне покаяться в этом, поклониться Богу СУЩЕМУ и исполнять долг Его детей.

## Бог Всеведущ и Всемогущ

Бог Творец, сотворивший Вселенную, есть совершенное Существо, существовавшее до начала времен; Он Всеведущ и Всемогущ. Библия запечатлела бесчисленное множество чудес и знамений, которые не могут быть совершены силами и мудростью людей.

Эти великие деяния Всеведущего и Всемогущего Бога,

Который вчера, сегодня и вовеки Тот же, совершались во времена как Нового, так и Ветхого Заветов через многих мужей Божьих, обладавших Его силой.

Иисус сказал в Евангелии от Иоанна, 4:48: *«Вы не уверуете, если не увидите знамений и чудес»*, и поэтому люди не поверят во Всемогущего Бога, пока не увидят Его деяний.

## Бог являет удивительные чудеса и знамения

Книга Исхода подробно излагает удивительные чудеса, которые Всемогущий Бог совершил через Моисея во время Исхода израильтян из Египта в землю Ханаанскую.

К примеру, когда Бог послал Моисея к фараону, царю Египетскому, Он наслал на него и его страну десять казней, позволил израильтянам посуху пересечь расступившееся Красное море и низвергнул войско египетское в бушующую морскую пучину.

Даже после Исхода Моисей своим посохом выбил воду из скалы; не пригодная для питья вода превратилась в пресную; манна спустилась с небес, накормив миллионы людей, которым не пришлось беспокоиться о своем пропитании.

Позже, в Ветхом Завете повествуется о том, как Бог наделил силой Илию, когда тот пророчествовал о длившейся три с половиной года засухе, молитвой вызывал дождь и воскрешал мертвых.

В Новом Завете мы видим, как Иисус, Сын Божий, воскресил Лазаря, бывшего мертвым четверо суток, возвращал зрение слепым, исцелял людей от разных болезней и недугов и изгонял злых духов. Он ходил по воде, как по суше, и успокаивал ветер и море.

Бог творил сверхъестественные чудеса руками Павла: на больных возлагали платки и опоясания с тела его, и у них прекращались болезни, и злые духи выходили из них (Деяния, 19:11-12). Бесчисленные знамения сопутствовали Петру, одному из лучших учеников Иисуса. Люди выносили больных на улицы и оставляли их на постелях и кроватях, чтобы хоть тень проходящего Петра осенила кого-то из них (Деяния, 5:15).

Кроме того, Бог творил чудеса и являл знамения через Стефана и Филиппа, как это записано в Библии, и Он продолжает являть их через нашу церковь даже сегодня.

Многие неизлечимые болезни, такие, как рак, туберкулез, лейкемия и СПИД, были исцелены. Мертвые возвращались к жизни, и калеки обретали способность вставать, ходить и бегать.

Более того, Бог являет и более великие знамения и поистине сверхъестественные чудеса: по молитве, записанной на телефонный автоответчик церкви, и через платки, над которыми я молился, исцелялись многие люди, устранялись поломки вышедших из строя механизмов и исполнялись желания сердец.

Итак, всякий, верующий во Всемогущего Бога и молящийся согласно Его воле, способен обрести ответ на любую молитвенную просьбу.

## Бог - Автор Библии

Бог есть Дух, поэтому Он не видим глазу, но Он постоянно являет Себя многими способами. В целом, Бог открывает Себя людям через природу, но в особенности – через свидетельства исцелившихся и получивших от Него ответы. Он также открывает Себя через Библию.

Таким образом, благодаря Библии вы способны познать Бога истинного, встретить Его и достичь спасения и вечной жизни через осознание дел Божьих. Кроме того, вы можете преуспеть в жизни и воздать славу Богу, понимая сердце Божье и осознавая, как возлюбить Его и быть Им любимым (2-е посл. к Тимофею, 3:15-17).

### Писание богодухновенно

2-е послание Петра, 1:21, гласит: *«Ибо никогда пророчество не было произносимо по воле человеческой, но изрекали его святые Божии человеки, будучи движимы Духом Святым»*, и 2-е послание к Тимофею, 3:16 указывает: *«Все Писание богодухновенно и полезно для научения, для обличения, для исправления, для наставления в праведности»*.

Именно поэтому в Библии есть так много фраз, которые начинаются со слов «Бог говорит», «ГОСПОДЬ говорит» и «ГОСПОДЬ Бог говорит». Это подтверждает, что Библия не есть слово человеческое, но Слово Божье.

Библия насчитывает шестьдесят шесть книг: тридцать девять в Ветхом Завете и двадцать семь - в Новом. По приблизительным подсчетам, записали ее 34 человека. Период написания Библии, длившийся с 1500-х гг. до Р.Х. до 100 г., составляет приблизительно 1600 лет. Удивительно то, что, несмотря на обилие «авторов», Библия является совершенно целостным Писанием, от начала до конца, и каждый её стих согласуется с другими.

Поэтому-то пророк Исаия в своей книге, 34:16, пишет: *«Отыщите в книге ГОСПОДНЕЙ и прочитайте; ни одно из сих не преминет прийти, и одно другим не заменится. Ибо сами уста Его повелели и сам дух Его соберет их».*

Возможно это лишь благодаря тому, что истинным творцом Библии является Бог, так как Святой Дух руководил сердцами записавших её и собравших слова этой книги воедино. Вам следует помнить, что «авторы» Библии – не более чем своего рода писатели-поденщики, внимавшие Богу, и что истинный её Автор – Бог.

Давайте обратимся к конкретному примеру. Допустим, в некой деревне живет старушка-мать. Она хочет послать письмо своему младшему сыну, который учится в городе. Грамотой она не владеет, и поэтому надиктовала своё письмо старшему сыну. Получив это письмо, младший сын осознает, что оно от матери, а не от старшего брата, хотя и видит его почерк. То же и в случае Библии.

## Послание Божьей любви, полное благословений и обетований

Библия была богодухновенно записана служителями Божьими, чтобы раскрыть Самого Бога. Вам следует верить, что это и есть Слово Бога истинного, через которое Он открывается человеку.

Слово Божье есть дух и жизнь (От Иоанна, 6:63), поэтому всякий, слышащий и верующий в него, обретает вечную жизнь и жизнь духовную с избытком. Всякий, верующий и исполняющий Слово Божье, получает жизнь, полную процветания и становится совершенным Божьим человеком, который следует за Иисусом Христом.

Бог пришел в этот мир во плоти, чтобы явить Себя человечеству, и этой Плотью был Иисус. Филипп, ученик Иисуса, не знал об этом и попросил, чтобы Иисус показал ему Бога. Филипп не был в состоянии понять, что Сам Иисус – воплощенный Бог, тем самым подтверждая справедливость утверждения о том, что «большое видится на расстоянии».

Евангелие от Иоанна, 14:8-10 и следующие стихи, приводит разговор между Филиппом и Иисусом:

> *«Филипп сказал Ему: Господи! покажи нам Отца, и довольно для нас. Иисус сказал ему: столько времени Я с вами, и ты не знаешь Меня, Филипп? Видевший Меня видел Отца; как же ты говоришь: "покажи нам Отца"? Разве ты не веришь, что Я в Отце и Отец во Мне? Слова, которые говорю Я вам, говорю не от Себя; Отец, пребывающий во Мне, Он творит дела».*

Хотя Иисус привел убедительные доказательства того, что Он и Бог суть одно, совершая чудеса, которые нельзя совершить без Божьей силы, Филипп желал, чтобы Иисус показал ему Отца. Иисус велел ему уверовать в Своё учение, приняв в качестве свидетельства чудеса.

Поскольку обычным человеческим взором увидеть Бога невозможно, Бог пришел в этот мир во плоти, чтобы показать Себя, и Ему также было угодно написать Библию.

Итак, обретение благословений и ответов, обетованных Богом в Библии, возможно, если вы имеете драгоценное общение с Живым Богом через Библию, знаете Его волю и провидение и исполняете Его Слово.

## Всякое Слово Библии - истинно

Исторические источники позволяют нам узнать о людях и событиях прошлого. История - это временная летопись развития человечества, подробное повествование о тех или иных событиях, людях, условиях жизни прежних времен.

Человеческая история доказывает истинность Библии. Если внимательно приглядеться к описанным в ней ситуациям, людям, местам и обычаям, вы можете убедиться, что Библия основывается на истории и реальных событиях.

Ветхий Завет со всей очевидностью основывается на подлинных фактах, включая важные или общеизвестные сведения, касающиеся отдельных индивидуумов, народов или групп людей, со времен Адама и Евы. Именно поэтому Ветхий Завет в Израиле и поныне почитают в качестве священного и одновременно исторически верного наследия. Многие историки признают Библию в качестве надежного первоисточника.

## История доказывает истинность Библии

Прежде всего я бы хотел, основываясь на Библии, поделиться с вами историей Израиля и доказать, что Библия - Слово Божье, и оно истинно.

Адам, праотец человечества, согрешил против Бога, и поэтому все его потомки, люди, встали на путь греха и неведения о своем Творце – Боге. Именно тогда Бог избрал один народ и замыслил осуществить Свою волю и провидение через него.

Сперва Бог призвал Авраама, обладавшего лучшим «полем сердца», очистил его и сделал отцом веры. Авраам был отцом Исаака, Исаак – отцом Иакова; Бог назвал Иакова «Израилем» и произвел от двенадцати его сыновей двенадцать колен.

При жизни Иакова Бог переместил его в Египет и позволил создать народ, увеличив число его потомков, и, наконец, вывел их в землю Ханаанскую.

Бог дал Моисею Закон во время его странствий в пустыне, научил израильтян жить по Его Слову и вел их одним лишь Своим Словом.

В земле Ханаанской израильтяне процветали, только когда соблюдали Закон. Всякий раз, когда народ поклонялся идолам и творил злодеяния, его мощь угасала, и он страдал от нашествия чужеземных завоевателей.

Израильтян бросали в темницы и обращали в рабство. Когда они каялись, их государство восстанавливалось. Этот круг повторялся снова и снова.

Таким образом Бог показывает всем людям через

историю Израиля, что Он жив и что Он правит всем по Своему Слову.

Вы можете также видеть, что библейские пророчества исполнялись и продолжают исполняться. Например, в Евангелии от Луки, 19:43-44, Иисус говорит об Иерусалиме такими словами:

*«Ибо придут на тебя дни, когда враги твои обложат тебя окопами и окружат тебя, и стеснят тебя отовсюду, и разорят тебя, и побьют детей твоих в тебе, и не оставят в тебе камня на камне за то, что ты не узнал времени посещения твоего».*

В этих стихах Иисус подразумевал разрушение города Иерусалима в наказание за грехи народа. Это пророчество исполнилось в 70 г., когда римский полководец Тит осадил Иерусалим, в результате чего погибли многие его жители. Это произошло всего через 40 лет после пророчества Иисуса.

Иисус сказал в Евангелии от Матфея, 24:32: *«От смоковницы возьмите подобие: когда ветви ее становятся уже мягки и пускают листья, то знаете, что близко лето»*. Смоковница здесь символизирует народ Израиля, и эта притча говорит, что Израиль обретет независимость при приближении Второго пришествия Иисуса. Наконец, история засвидетельствовала правдивость этого Слова Божьего, когда Израиль пал в 70 г. и был чудесным образом возрожден 14 мая 1948 г. – спустя 1900 лет после его разрушения.

## Пророчество Ветхого Завета и его исполнение в Новом Завете

Я убедился, что библейское Слово Божье истинно, когда изучал, как ветхозаветные пророчества исполнялись во времена Нового Завета.

Закон Ветхого Завета не был совершенным способом «обретения истинных детей Божьих». Он был лишь тенью, указывающей на Бога. Поэтому-то Бог обещал пришествие Мессии в Ветхом Завете. В отмеренный час Он послал Иисуса Христа в этот мир, чтобы исполнить Свое обетование.

Совершенно очевидно, что Иисус сошел на землю около двух тысяч лет назад. Западная история подразделяется на два основных периода - по году рождения Иисуса. «До Р. Х.» значит «до Рождества Христова», то есть время до рождения Иисуса. Даже сама история свидетельствует о рождении Иисуса.

Давайте обратимся к стиху Бытия, 3:15:

> *«И вражду положу между тобою и между женою, и между семенем твоим и между семенем ее; оно будет поражать тебя в голову, а ты будешь жалить его в пяту».*

Пророчество в этом стихе заключается в том, что семя жены придет и уничтожит власть смерти. «Жена» в этом стихе означает Израиль. В действительности, Иисус пришел на землю как сын Иосифа, который принадлежал израильскому колену Иуды (От Луки, 1:26-32).

Книга пророка Исаии, 7:14, гласит: *«Итак Сам Господь даст вам знамение: се, Дева во чреве приимет и родит Сына, и нарекут имя Ему: Еммануил»*.

Это подразумевает, что Сын Божий будет ниспослан ради искупления грехов рода человеческого через зачатие от Святого Духа. Воистину, Иисус родился у Девы Марии от Святого Духа (От Матфея, 1:18-25).

Согласно пророчеству Иисус должен был родиться в окрестностях Вифлеема, как сказано в Книге пророка Михея, 5:2:

> *«И ты, Вифлеем-Ефрафа, мал ли ты между тысячами Иудиными? из тебя произойдет Мне Тот, Который должен быть Владыкою в Израиле и Которого происхождение из начала, от дней вечных»*.

Во исполнение этого Слова, Иисус родился в Вифлееме Иудейском при царе Ироде. И это подтверждается историей.

Избиение младенцев царем Иродом во время рождения Иисуса (Кн. пророка Иеремии, 31:15; От Матфея, 2:16), вход Иисуса в Иерусалим (Кн. пророка Захарии, 9:9; От Матфея, 21:1-11) и Вознесение Иисуса на Небо (Псалом, 15:10; Деяния, 1:9) были предсказаны и исполнились в точности.

Кроме того, предательство Иуды Искариота, который следовал за Иисусом три года (Псалом, 40:10), и продажа им

Иисуса за тридцать серебренников (Кн. пророка Захарии, 11:12) исполнились по пророчеству.

Таким образом, видя, как исполняются пророчества Ветхого Завета, вы можете быть уверены, что Библия правдива и что она есть истинное Слово Божье.

## Библейские пророчества, которым предстоит исполниться

Бог соделал Иисуса Христа нашим Спасителем, исполнив ветхозаветные пророчества во времена Нового Завета. Каждое пророческое слово об Иисусе, истории Израиля и всего человечества безошибочно исполнилось. Ближайшее рассмотрение всемирной истории приводит к выводу о правдивости библейских пророчеств - и тех, что уже сбылись, и тех, которым предстоит исполниться.

Пророки во времена как Ветхого, так и Нового Заветов предсказывали восход и закат великих империй, разрушение и восстановление Иерусалима, а также судьбу исторических деятелей. Многие пророчества Библии исполнились и исполняются в наше время, и человечеству еще предстоит стать свидетелями Второго пришествия Иисуса, Восхищения Церкви, Тысячелетнего Царства и Суда Великого Белого Престола. Наш Господь готовит вам место, как Он и обещал (От Иоанна, 14:2), и вскоре Он примет вас в вечной обители.

Наш мир сейчас страдает от голода, землетрясений, природных аномалий и колоссальных катаклизмов. Не следует считать это простым совпадением, так как нужно осознавать, что близится Второе пришествие Иисуса (От Матфея, 24:3-14). Вы должны достичь полноты спасения, бодрствуя и украшая себя как Невесту.

СЛОВО О КРЕСТЕ

Глава 2

# Бог есть Творец и Возделыватель человека

- Путь спасения человечества
- Бог создает человека
- Почему Бог возделывает человечество?
- Бог отделяет пшеницу от соломы

СЛОВО О КРЕСТЕ

«*И сотворил Бог человека по образу Своему, по образу Божию сотворил его; мужчину и женщину сотворил их. И благословил их Бог, и сказал им Бог: плодитесь и размножайтесь, и наполняйте землю, и обладайте ею, и владычествуйте над рыбами морскими, и над птицами небесными, и над всяким животным, пресмыкающимся по земле*».

Бытие, 1:27-28

Хотя бы один раз в жизни вы, наверное, задавались глобальными вопросами о происхождении, цели, предназначении и смысле жизни. Возможно, вы тоже пытались на них ответить. Многие люди проводят всю свою жизнь в поисках достоверных ответов на эти вопросы, но умирают, так и не найдя их.

Великие мудрецы мира, Конфуций, Будда и Сократ, также бились над этими ключевыми вопросами. Конфуций прежде всего сосредоточивался на морали, подчеркивая достоинства совершенной добродетели как этического идеала, чем привлек многочисленных последователей. Будда приложил немало усилий, чтобы подняться над мирским бытием. Сократ, по-своему, искал истину в знаниях.

Однако никто из них не сумел найти окончательного, фундаментального решения и не обрел ни подлинной истины, ни вечной жизни. Ведь истина, сокрытая до сотворения мира, есть нечто духовное, незримое и неосязаемое. Невозможно найти ясных ответов на жизненно важные вопросы без осознания провидения Бога Творца о возделывании человечества.

## Путь спасения человечества

Бог Творец, Иисус Христос, суть наших душ, жизнь после смерти, конечная цель бытия и путь к вечной жизни ясно объяснены в Библии, в которой записано Слово Бога Живого. Слово о спасении через крест Иисуса Христа - это божественная тайна, которая была сокрыта до начала времен и которая заключала в себе как любовь, так и справедливость Божью.

### Путь спасения через Иисуса Христа

Христианство часто называют «религией креста». Знаете ли вы, что это значит, и почему даже некоторые цари земные преклоняют пред ним колени? Каков секрет того, что многие люди получают прощение грехов по вере и обретают спасение и вечную жизнь?

Многие христиане полагают, что знают Иисуса Христа и значение креста. На мой вопрос о смысле креста большинство верующих, включая новообратившихся, отвечает примерно так: «Около двух тысяч лет тому назад Иисус, Сын Божий, пришел во плоти на землю и был распят за наши человеческие грехи. В третий день Он воскрес из мертвых и стал Спасителем. Поэтому всякий, верующий в Иисуса Христа, может спастись и попасть в Царство Небесное».

Однако вам следует знать, что одно лишь это знание не сможет привести ко спасению. В Послании Иакова, 2:19 сказано: *«Ты веруешь, что Бог един: хорошо делаешь; и бесы веруют, и трепещут».* Даже наш враг дьявол и бесы знают и верят в Бога, но спасенными им не быть никогда.

Есть причина, по которой Бог говорит, что знать и верить одним лишь простым знанием – это одно, а понимать и веровать всем сердцем – это совсем другое.

> *«Ибо если устами твоими будешь исповедовать Иисуса Господом и сердцем твоим веровать, что Бог воскресил Его из мертвых, то спасешься, потому что сердцем веруют к праведности, а устами исповедуют ко спасению (Посл. к Римлянам, 10:9-10).*

Представим себе апельсин. Вы можете с уверенностью сказать: «Вот это - апельсин». Ведь вы знаете, что это такое. Но стоит мне задать вопрос: «Можете ли вы детально объяснить, какую пользу приносит апельсин человеческому организму», и лишь немногие смогут вразумительно ответить. Даже если вам доводилось слышать об этом неоднократно, это еще не гарантирует, что вы все поймете и запомните. Не будучи специалистом в данной области, трудно дать подробное объяснение.

Как нам, в таком случае, получить исчерпывающее знание об апельсинах? Во-первых, следует учиться у знающих людей и хранить информацию в своей памяти. Однако недостаточно услышать и запомнить все о пользе апельсина. Полезным для организма он станет только тогда, когда вы снимете кожуру и съедите этот фрукт. Тогда вы почувствуете его вкус и напитаете свою кровь и плоть полезными веществами.

Схожим образом, бесполезно просто изучать Божью премудрость, если вы не понимаете Его провидение, явленное крестом, его любовь и благодать.

### Веровать сердцем и исповедовать устами

Если вы понимаете слово о кресте и имеете в сердце истинную любовь к Богу, то сможете обрести истинную веру и вести настоящую христианскую жизнь, которая ведет к жизни вечной. В противном случае, даже если вы десятилетиями ходили в церковь, вы однажды обнаружите, что по-прежнему грешите и приспосабливаетесь к миру. А значит - вам никогда не спастись.

До своей встречи с Богом я был атеистом и был убежден, что нет ни Бога, ни бесов, ни Царства Небесного, ни Рая. Атеизм я усвоил в школе; и я полагал, что это учение правдиво и свидетельствует о моей образованности.

Но сердце мое с этим не соглашалось. Я не мог отрицать жизни после смерти, и меня не оставлял страх, что я попаду в ад.

Наконец болезни привели меня на смертный одр. Когда же я встретил Живого Бога, я исцелился от всех своих недугов и ясно осознал сокрытую во кресте Божью любовь.

Я был призван в качестве служителя Господа. Теперь я ревностно свидетельствую людям о силе Живого Бога и Господа нашего Иисуса Христа. Я привожу бесчисленное множество душ на путь спасения. Если вы вполне осознаете величие любви Бога и провидение возделывания человечества, то способны обрести вечную жизнь и право войти на Небеса и стать истинным свидетелем Евангелия Иисуса Христа. Чтобы осознать истинный смысл и цель жизни, вы должны понимать, почему Бог сотворил человека и возделывает его.

## Бог создает человека

Безмерна тайна устройства органов, клеток и тканей человеческого тела. Бог, столь чудесно создавший человека, желает обрести истинных детей, с которыми Он мог бы разделить навсегда Свою любовь. Для этой цели Бог сотворил человека по Своему образу и подобию, возделывает людей и приготовил Небеса.

Каким же тогда образом Бог сотворил всё во Вселенной, включая человека?

### Шесть дней Божьего творения

Бытие, глава 1-я, описывает шесть дней, в течение которых Бог создал небо и землю. Бог сказал: *«Да будет свет»*, и стал свет (ст. 3). Затем Бог сказал: *«Да соберется вода, которая под небом, в одно место, и да явится суша»*, и, как мы знаем, стало так (ст. 9). И так далее.

Как сказано в Послании к Евреям, 11:3: *«Верою познаем, что веки устроены словом Божиим, так что из невидимого произошло видимое»*. Бог сотворил всю Вселенную Своим словом.

В первый день Бог создал свет, а во второй – небо. В третий день, когда Бог сказал: *«Да соберется вода, которая под небом, в одно место, и да явится суша»*, было так, и Бог назвал сушу землей, а скопление вод – морем. Затем Бог сказал: *«Да произрастит земля зелень, траву, сеющую семя, дерево плодовитое, приносящее по роду своему плод, в котором семя его на земле»* (Бытие, 1:11). И земля произрастила зелень, растения, сеющие семя по роду их, и деревья, приносящие плоды с семенами в них по роду их. В четвертый день Он сотворил Солнце, Луну и звезды на небе, чтобы Солнце управляло днем, а Луна – ночью. В пятый день Он сотворил всякую душу животных морских, которыми изобилует вода, по роду их, и всякую птицу пернатую по роду ее. В шестой день Он создал скотов и гадов, движущихся по земле, и диких зверей, каждого по роду своему.

### Человек сотворен по образу Божьему

Бог Творец за шесть дней сотворил окружающую среду, пригодную для человеческой жизнедеятельности, а затем создал человека по Своему образу. Он благословил его стать господином всех тварей и повелел владычествовать над ними.

*«И сотворил Бог человека по образу Своему, по образу Божию сотворил его; мужчину и женщину сотворил их. И благословил их Бог, и сказал им Бог: плодитесь и размножайтесь, и наполняйте*

*землю, и обладайте ею, и владычествуйте над рыбами морскими, и над птицами небесными, и над всяким животным, пресмыкающимся по земле» (Бытие, 1:27-28).*

Как же Бог создал человека?

*«И создал Господь Бог человека из праха земного, и вдунул в лицо его дыхание жизни, и стал человек душою живою» (Бытие, 2:7).*

В данном стихе под прахом понимается глина. Искусные гончары могут из качественной глины создать драгоценную селадонскую керамику, или белый фарфор. Иные же горшечники лепят обычные неглазурованные сосуды, черепицу или кирпичи.

Ценность глиняного изделия зависит от того, кто и насколько мастерски его изготовил, от вида глины и типа керамики. Всесильный Бог Творец сотворил человека по Своему образу и подобию – так насколько же прекрасно это Его творение?

Предав человеку Свой образ, Бог вдохнул в того, кто прежде был всего лишь прахом, дыхание жизни, то есть живую энергию, и человек стал живым духом. Дыхание жизни есть сила, мощь, энергия и дух от Бога.

### Бог наделяет человека дыханием жизни

Представив себе процесс излучения флуоресцентного

света, вы сможете лучше представить и процесс сотворения человека как живого духа. Если вы желаете, чтобы предмет засиял, нужно сначала изготовить флуоресцентную краску, покрыть ею требуемый предмет, а потом включить флуоресцентную лампу. До тех пор пока вы не подвергнете ее воздействию света, сам предмет не будет излучать свет.

Телевизор в вашем доме работает так же. Вы не сможете принимать программы, пока не подключите его к источнику энергии, и лишь потом сможете увидеть изображение на экране и услышать звук. Достаточно нажать кнопку, и изображение появится на экране. Однако устройство телевизора очень сложное и включает множество тончайших деталей.

Схожим образом, Бог создал из праха не только внешний вид человека, но внутренние органы и кости. Он сотворил сосуды, по которым течет кровь, и нервную систему, которая идеальным образом выполняет свою функцию.

Божья сила способна преобразовать прах в мягкую кожу тогда, когда это Ему угодно. Словно подключив к электричеству, Он вдохнул в человека дыхание жизни. Тут же в организме человека начала циркулировать кровь, он смог дышать и двигаться.

Кроме того, Бог наделил мозг клетками памяти, даровав человеку способность запоминать то, что он слышал и чувствовал. Запоминаемое становится знанием, и знание воспроизводится в качестве мыслей. Использование же в жизни накопленных знаний зовется мудростью.

Люди, хотя и являются обычными существами, преумножили свою мудрость и знания и создали развитую научную цивилизацию. Теперь они исследуют Вселенную, создают компьютеры и, наподобие того, как Бог создал мозговые клетки памяти, люди закладывают в память компьютера колоссальные объемы информации, которая всегда находится в их распоряжении. Человек достиг того, что производимые им машины обладают искусственным интеллектом, они могут распознавать буквы и человеческий голос, способны сообщаться с другими такими же устройствами. Со временем эти технологии будут все более развитыми.

Насколько же несоизмеримо проще было Всесильному Богу Творцу, когда Он сотворил человека из праха земного и вдохнул в него дыхание жизни! Бог способен без труда сотворить нечто из ничего, но для человека это дивно и непостижимо (Псалом, 138:13-14).

## Почему Бог возделывает человечество?

Иисус наставляет нас о Божьем провидении во многих притчах. Поскольку духовный мир трудно понять, используя человеческие знания, Он, чтобы было доступнее, использовал приземленные примеры в своих притчах.

Многие из них рассказывают о возделывании человечества. Например, таковы притчи о сеятеле (От Матфея, 13:3-23; От Марка, 4:3-20; От Луки, 8:4-15), о горчичном зерне (От Матфея, 13:31-32; От Марка, 4:30-32; От Луки, 13:18-19), о добром семени и плевелах (От Матфея, 13:24-30, 36-43), о работниках на винограднике

(От Матфея, 20:1-16) и о злых виноградарях (От Матфея, 21:33-41; От Марка, 12:1-9; От Луки, 20:9-16).

Эти притчи показывают нам, что подобно тому, как земледельцы расчищают землю, сеют семена, возделывают их и пожинают урожай, Бог сотворяет и возделывает человечество на земле и однажды отделит пшеницу от соломы.

### Бог желает разделить истинную любовь со Своими детьми

Бог обладает не только божественным началом, но и человеческим. Божественность есть сила Самого Всеведущего и Всесильного Бога Творца, а человечность – разум человека. Так, Бог установил закон, который управляет Вселенной, историей человечества и жизнями отдельных людей. Он также испытывает радость, гнев, скорбь и счастье и желает разделить любовь со Своими детьми.

Библия многократно показывает нам, что Бог обладает личностью, подобной личности человека. Бог радуется и благословляет людей, когда они, сотворенные по образу Божьему, поступают правильно, но Он скорбит и стенает в гневе, когда они грешат. Божье желание общаться со Своими детьми и давать им лучшее нередко находит выражение в Слове Божьем.

Если бы у Бога были одни лишь божественные характеристики, Ему не требовался бы отдых после шести дней сотворения Вселенной, и Он не желал бы общения с нами, говоря: *«Непрестанно молитесь»* (1-е посл. к Фессалоникийцам, 5:17), *«Воззови ко Мне – и Я отвечу тебе, покажу тебе великое и недоступное, чего ты не знаешь»* (Кн. пророка Иеремии, 33:3).

Иной раз вы желаете одиночества, но, возможно, больше счастья вам приносит общение с другом-единомышленником, который способен разделить с вами любовь. Схожим образом, Бог сотворил человека по Своему подобию, потому что желает поделиться Своей любовью. Он возделывает дух человеческий на этой земле, потому что желает истинных детей, которые понимали бы Его сердце и любили бы Его всем своим сердцем.

### Бог желает детей, послушных Ему по собственной воле

Некоторые, возможно, задаются вопросом: зачем Бог сотворил род человеческий и взращивает его, несмотря на то, что имеет в Своем распоряжении множество послушных ангелов и сил небесных? Однако большинство ангелов лишено человеческих характеристик, без которых не бывает любящих отношений. Иными словами, у них нет свободы воли, чтобы самим принимать решения. Не способные, в отличие от людей, испытывать радость, гнев, скорбь или счастье, они исполняют повеления, подобно автоматам. Именно поэтому они не могут разделить с Богом такую любовь, которая исходит от самого сердца.

Например, представим себе, что у вас двое детей. Один из них всегда исполняет ваши пожелания, не выражая при этом ни эмоций, ни своего мнения, словно он – хорошо запрограммированный робот. Другой не щадит ваших чувств, но вскоре раскаивается, кротко льнет к вам и разными способами дает вам понять, что у него на сердце. Кого же из этих двух детей вы будете любить больше? Конечно, второго.

Допустим, у вас имеется робот, который готовит, убирает дом и прислуживает вам. Несмотря на все это, вы не будете любить его больше, чем собственных детей. Как бы усердно ни трудился этот робот, как бы полезен он вам ни был, детей он вам не заменит.

Так же и Богу более угодны люди, которые с радостью, по доброй воле и разумению подчиняются Ему, чем ангелы и силы небесные, которые действуют как роботы, запрограммированные на послушание. Он даровал людям свободу воли и Свое Слово. Он наставляет их тому, что такое добро и что такое зло, каков путь спасения и каков путь смерти. Он терпеливо ждет, когда они станут истинными детьми.

### Бог возделывает человечество с родительской любовью

В Бытии, 6:5-6, записано: *«И увидел ГОСПОДЬ, что велико развращение человеков на земле и что все мысли и помышления сердца их были зло во всякое время; и раскаялся ГОСПОДЬ, что создал человека на земле, и восскорбел в сердце Своем».*

Значит ли это, что Бог не знал этого факта, когда

сотворил человека? Определенно, ему это было известно. Бог всеведущ и всесилен, поэтому он знал все еще до начала времен. И, несмотря на это, Он сотворил человека и принялся возделывать его.

Если вы – родители, то, возможно, вам будет легче понять это. Как нелегко произвести на свет и воспитать потомство! Ожидая ребенка, женщина в течение девяти месяцев испытывает всевозможные недомогания, включая, например, тошноту. Во время родов мать страдает от великой боли. Чтобы кормить, одевать и учить детей, родители идут на колоссальные жертвы и трудятся денно и нощно, не покладая рук. Стоит ребенку немного припоздниться, и мама с папой начинают беспокоиться. Когда дети болеют, родители страдают еще больше.

Почему же родители решаются воспитывать детей, несмотря на все мучения и лишения? Причина в том, что родители желают разделить свою любовь с кем-то, а именно, с таким созданием, которое способно почувствовать родительскую любовь и ответить тем же. Для родителей даже мучения в радость. Более того, сколь прекрасны дети, близко похожие на своих родителей! Конечно, не все дети способны исполнять свой долг перед родителями. Некоторые любят и почитают отца и мать, другие приносят им только горе.

Схожим образом, растя детей, родители часто мучаются, но не испытывают из-за этого сожаления. Напротив, они идут на колоссальные жертвы, чтобы детство их малышей было хорошим и чтобы они стали их радостью. Так же и Бог заведомо знал о непослушании и развращенности людей, знал, что они принесут скорбь, но Ему было известно и то, что среди них найдутся истинные дети, которые разделят Его любовь. Поэтому-то Бог и сотворил род людской и по Своей воле взращивает его.

### Бог желает быть прославлен Своими истинными детьми

Бог взращивает дух людской на земле, не только для того чтобы обрести истинных детей, но и чтобы прославиться через них. Да, Бог принимает прославление великого сонма ангелов и сил Небесных. Но все же Ему более угодно быть прославленным взращенными Им истинными детьми.

Бог говорит в Книге пророка Исаии, 43:7, что «*каждого кто называется Моим именем, кого Я сотворил для славы Моей, образовал и устроил*», и наставляет нас в 1-м послании к Коринфянам, 10:31: «*Итак, едите ли, пьете ли или иное что делаете, все делайте в славу Божию*».

Бог есть Творец, Любовь и Справедливость. Он отдал Своего Единственного и Единородного Сына ради нашего спасения, уготовил Небеса и вечную жизнь. Он более чем достоин славы. Кроме того, Он желает прославить того, кто прославляет Его.

Поэтому вы должны стать истинными детьми Божьими, которые способны разделить Его любовь в вечности, понимая, почему Бог желает быть прославлен через Своих духовно возделанных детей.

## Бог отделяет пшеницу от соломы

Земледельцы возделывают землю, потому что желают собрать богатый урожай. Бог также возделывает дух людей на земле, чтобы обрести истинных детей, которые не только любят и прославляют Его от всего сердца, но и потом разделят с Ним вечную любовь на Небесах.

При жатве всегда пожинается не только пшеница, но и солома, поэтому крестьяне отделяют одно от другого: убирают пшеницу в житницу и сжигают солому в огне. Схожим образом, Бог отделит «пшеницу» от «соломы», когда возделывание человеческого духа завершится:

*«Лопата Его в руке Его, и Он очистит гумно Свое и соберет пшеницу Свою в житницу, а солому сожжет огнем неугасимым» (От Матфея, 3:12).*

Поэтому вы должны твердо верить, что Бог возделывает человеческий дух на земле и что в Свое время Он пожнет «пшеницу», истинных детей, для жизни вечной на Небе, но сожжет «солому» в неугасаемом пламени ада.

Давайте же поразмыслим над тем, какого рода люди в глазах Бога - пшеница, а какого – солома, и что это за места – Небеса и ад.

### Пшеница и солома

Пшеница символизирует тех, кто принял Иисуса Христа, ходит в истине и разделяет Божью любовь. Таковы дети

Света, восстановившие в себе утраченный образ Бога и исполняющие все повеления Божьи.

Напротив, солома олицетворяет тех, кто не принял Иисуса Христа, или тех, кто на словах верует, но на деле не живет по Слову Божьему, а следует лишь своим злым похотям.

1-е послание к Тимофею, 2:4, описывает нашего Бога, как того, *«Который хочет, чтобы все люди спаслись и достигли познания истины»*. Это значит, что Бог желает, чтобы все люди сделались пшеницей и вошли в Царство Небесное. Бог хочет, чтобы вы глубоко осознали это, и ведет вас на путь спасения. Однако некоторые люди все-таки преступают волю Божью и провидение Его, живя по собственной свободной воле. Пред Богом эти люди ничем не лучше животных, потому что они растеряли человеческие ценности.

Крестьяне сжигают солому в огне или используют ее как удобрение, потому что если пшеницу и солому хранить вместе, то пшеница испортится. Итак, Бог не допустит солому в Царство Небесное, где будет пшеница. В отличие от животных, человек обладает бессмертным духом, ведь Бог при сотворении вдохнул в него дыхание жизни. Поэтому Бог не способен уничтожить солому или свести ее в ничто.

Неизбежно то, что Бог соберет пшеницу на Небесах, где уготовано вечное счастье, а солома будет гореть в неугасаемом пламени ада вовеки. Итак, вам следует помнить об этом факте, чтобы избежать пламени ада.

## Краса Небес и ужас ада

С одной стороны, Небеса столь прекрасны, что их нельзя сравнить с чем-либо в этом мире. Например, цветы в этом мире быстро увядают, а небесные цветы никогда не вянут и не опадают, потому что все на Небесах вечно. Дороги вымощены чистым, как стекло, золотом, а Река жизни блещет, как прозрачный хрусталь, и омывает обители, сооруженные из всевозможных самоцветов. Все несказанно прекрасно (см. мои книги *«Небеса I»* и *«Небеса II»*).

С другой стороны, ад – это место, где черви не умирают и огонь не угасает. Всякий там огнем осолится (От Марка, 9:48-49). Более того, там есть озеро пылающей серы, которое в семь раз горячее, чем озеро огненное (Откровение, 20:10,15). Неспасенные обречены на вечную жизнь в неугасающем огне или в озере серном. Сколь ужасна и страшна вечная жизнь там! (См. книгу *«Ад»*).

Поэтому Иисус сказал в Евангелии от Марка, 9:43: *«И если соблазняет тебя рука твоя, отсеки ее: лучше тебе увечному войти в жизнь, нежели с двумя руками идти в геенну, в огонь неугасимый»*.

Почему Бог Любви должен был создать и ужасный ад, и прекрасные Небеса? Если злым людям позволить войти в место, где пребывают добродетельные и возлюбленные Богом, то это причинит боль добродетельным, и Небеса осквернятся злом. Говоря кратко, Бог допустил ад из любви к людям и из желания наделить Своих детей всем самым лучшим.

## Суд Великого Белого Престола

Бог явил Свою волю мужам веры, таким, как Ной, Авраам, Моисей, Иоанн Креститель, апостолы Петр и Павел. Сегодня Он продолжает возделывание человеческого духа через Своих служителей и соработников. Но, так как не бывает начала без конца, возделывание человеческого духа не будет длиться вечно.

Второе послание Петра, 3:8, говорит нам: *«Одно то не должно быть сокрыто от вас, возлюбленные, что у Господа один день, как тысяча лет, и тысяча лет, как один день»*. Подобно тому, как Бог отдыхал на седьмой день, после шести дней сотворения Вселенной, Второе пришествие Иисуса и Тысячелетнее Царство грядут после шести тысяч лет со времени грехопадения Адама. Затем, после Суда Великого Белого Престола, Бог дозволит пшенице войти на Небо и низвергнет солому в пламя ада.

Поэтому я молюсь именем Господа нашего Иисуса Христа, чтобы вы глубоко осознали Божье провидение и любовь, заключенную в возделывании человечества, и прославили Бога со страстной надеждой на Небеса.

СЛОВО О КРЕСТЕ

Глава 3

# Дерево познания добра и зла

- Адам и Ева в Эдемском саду
- Адам не повиновался по своей собственной свободной воле
- Возмездие за грех – смерть
- Почему Бог поместил дерево познания добра и зла в саду Эдемском?

### СЛОВО О КРЕСТЕ

«*И взял Господь Бог человека, и поселил его в саду Едемском, чтобы возделывать его и хранить его. И заповедал Господь Бог человеку, говоря: от всякого дерева в саду ты будешь есть, а от дерева познания добра и зла не ешь от него, ибо в день, в который ты вкусишь от него, смертью умрешь*».

Бытие, 2:15-17

Люди, не знающие великой любви Творца Бога и Его глубокого и совершенного провидения в воспитании Своих истинных чад, могут спросить: «Почему Бог поместил дерево познания добра и зла в саду Эдемском?», «Зачем Он позволил первому человеку ступить на путь погибели?». Они думают, что человек мог бы не умереть, а вечно наслаждаться счастливой жизнью в саду Эдемском, не помести Бог там того дерева.

Некоторые из них даже утверждают что-то вроде: «Бог, должно быть, не знал заранее, что Адам вкусит плод от дерева познания добра и зла». Так говорят, потому что не верят во всеведение и всемогущество Бога. Поместил ли Он это дерево в саду Эдемском по незнанию, не помышляя о будущем непослушании Адама? Или Бог посадил это дерево там специально, чтобы привести человека на путь смертный? Конечно же нет!

Тогда, почему Бог поместил дерево познания добра и зла посреди Эдемского сада? Почему Адам не послушался Божьего наказа и пошел путем погибели?

## Адам и Ева в Эдемском саду

Бог создал человека из праха земного и вдунул в него

дыхание жизни, и стал человек живою душою (Бытие, 2:7). Живая душа - это духовное существо, которое не имеет никаких знаний при сотворении. Приведем простой пример. У новорожденного младенца ни мудрости, ни познаний нет. Механизм памяти заложен в мозге младенца, но он еще ничего не видел, не слышал и ничему не учился. И действовать младенец может только инстинктивно.

Так же и у Адама не было духовной мудрости или знания, когда он стал душою живою, то есть живым существом.

### Адам обрел знание жизни от Бога

Бог насадил сад на востоке, в Эдеме, и поместил там Адама. И гуляя там наедине с ним, Бог дал ему знание жизни и истины, чтобы доверить Адаму управление и уход за садом Эдемским.

Бытие, 2:19, говорит: *«Господь Бог образовал из земли всех животных полевых и всех птиц небесных, и привел [их] к человеку, чтобы видеть, как он назовет их, и чтобы, как наречет человек всякую душу живую, так и было имя ей»*. Адам был наделен достаточными знаниями жизни, чтобы всем управлять.

Бог также решил, что не хорошо Адаму быть одному. Тогда навел Бог на человека крепкий сон, чтобы сделать ему подходящего помощника. Когда тот спал, Бог взял одно из его ребер и закрыл то место плотью. Затем Он сотворил из ребра, взятого у человека, женщину и привел ее к нему. Бог соединил человека с его женой, и они стали одной плотью (Бытие, 2:20-22).

И было так не потому, что Адам чувствовал себя одиноко, а потому, что еще до начала времен Бог долго был один и знал, что такое одиночество. Великая любовь и милость Божья привели Его к тому, чтобы сотворить Адаму помощницу, и Он, заранее зная, что произойдет с Адамом, благословил человека и его жену, чтобы они плодились, процветали и наполняли землю.

### Долгая жизнь Адама в Эдемском саду

Как же долго Адам и его жена Ева жили в саду Эдемском? Библия об этом подробно не говорит, но вы должны знать, что они жили там значительно дольше, чем думает большинство людей.

Библия повествует о фактах лишь несколькими стихами. Так, многие считают, что Адам вкусил запретный плод и встал на путь погибели вскоре после того, как Бог поместил его в саду Эдемском. Некоторые спрашивают: «Библия говорит, что истории человечества всего шесть тысяч лет, а как объяснить ископаемые остатки, которые датируются сотнями тысяч лет?».

В Библии история человеческой цивилизации насчитывает около 6 тыс. лет, начиная со времени, когда Адам и Ева были изгнаны из Эдема. В эти 6 тыс. лет не входит длительный период их пребывания в саду Эдемском. Время шло, и на земле происходили великие геологические и географические изменения, подобные смещениям земной коры и нескольким циклам репродукции и вымирания. Многие ископаемые остатки свидетельствуют об этом факте, о чем мы и говорили в главе 1-й.

Когда же Бог благословил Адама и его жену (Бытие, 1:28), первый человек, Адам, долгое время ходил с Богом, прежде чем был проклят. Он родил множество детей, наполнив сад Эдемский. Как господин всего сотворенного, Адам покорял землю и хозяйствовал на ней так же, как и в Эдемском саду.

## Адам не повиновался по своей собственной свободной воле

Бог дал Адаму и Еве свободную волю и позволил им наслаждаться изобилием и радостью Эдемского сада. Но было одно, что Бог запретил. Бог повелел им не вкушать плода от дерева познания добра и зла.

Если бы Адам понял всю глубину Божьего сердца и истинно возлюбил Его, он не вкусил бы запретного плода, потому что знал повеление Божье. Однако он не послушался этой особой заповеди, так как не любил Бога по-настоящему.

Бог насадил дерево познания добра и зла в саду Эдема и установил строгий закон между Богом и человеком. Он позволил человеку исполнить заповедь по своей собственной свободной воле. Потому, что Он желал обрести истинных детей, которые повиновались бы Ему от всего сердца.

## Адам презрел Слово Божье

В Библии Бог часто обещает благословения тем, кто подчиняется всем Его заповедям и внемлет всякому Его Слову (Второзаконие, 15:4-6, 28:1-14). Кто же слушается всех Его заповедей? Даже Библия признает, что в мире существует всего несколько человек, способных на это.

Бог, должно быть, учил первого человека, Адама, что тот будет наслаждаться вечной жизнью и благословениями до тех пор, пока подчиняется Богу, но если ослушается Его, обретет вечную смерть. Бог предостерегал его не есть от дерева добра и зла.

Тем не менее, Адам и Ева пренебрегли Божьей заповедью и вкусили запретный плод. Сатана с самого начала пытался нарушить Божий план взращивания истинных и духовных детей. Наконец сатана с помощью змея, который был хитрее всех зверей полевых (Бытие, 3:1), добился успеха, соблазнив их плодом. Почему Адам не подчинился Божьей заповеди, хотя он был живым духом и был научен истине самим Богом?

В Бытии, 2:15, мы читаем, что Бог поручил Адаму управлять и заботиться об Эдемском саде. Адам получил силу и власть от Бога возделывать и хранить его. Бог поручил ему охранять сад, чтобы враг - дьявол и сатана - не разрушил его. Однако сатана сумел все-таки настроить змея на то, чтобы соблазнить Адама и Еву. Как же такое стало возможным?

Если кратко, то сатана - это злой дух, имеющий власть над царством воздуха. Сатана бесформен. В Послании к

Ефесянам, 2:2, про сатану сказано, что он есть князь, господствующий в воздухе, дух, действующий ныне в «сынах противления».

Поскольку сатана подобен радиоволнам, распространяющимся в воздухе, он мог управлять змеем, соблазнявшим Адама и Еву в Эдемском саду. В Бытии, 1-я глава, встречается одна, особая, повторяющаяся фраза. В конце каждого дня сотворения Библия повторяет: «И увидел Бог, что [это] хорошо». Эта фраза не была произнесена во второй день, когда был создан небосвод.

Опять же, в Послании к Ефесянам, 2:2, сказано о временах *«в которых вы некогда жили, по обычаю мира сего, по [воле] князя, господствующего в воздухе, духа, действующего ныне в сынах противления»*. Бог знал, что злые духи будут иметь власть над воздушным царством.

### Ева поддалась искушению змея

Змей – всего лишь один из полевых зверей. Как ему удалось искусить Еву и вынудить ее ослушаться заповеди Бога?

В Эдемском саду люди могли общаться со всеми живыми созданиями, такими, как цветы, деревья, птицы, звери и так далее. Ева также могла общаться со змеем. Изначально люди любили змей и, в отличие от сегодняшнего времени, не имели к ним отвращения. Они были такими гладкими, чистыми, длинными, круглыми и мудрыми, что очень нравились Еве. Они хорошо знали ее и угождали ей. Это похоже на то, как хозяева любят своих собак за то, что они умнее и вернее многих других животных.

Однако многие утверждают, что змеи ужасны, ядовиты и отвратительны. Им почти инстинктивно неприятны змеи, потому что именно змеи обманом заставили первого человека Адама и его жену Еву ослушаться заповеди, и этим толкнули их на путь погибели.

Чтобы понять природу змеи, вам надо узнать характеристики первозданной почвы. Почва состоит из различных ингредиентов, и пропорции их содержания также различны. В зависимости от того, какие элементы добавлены в почву, она может стать хорошей или плохой. Когда Бог создавал различных полевых зверей и различных птиц в небе, Он тщательно подбирал почву для каждого животного (Бытие, 2:19).

Бог не создавал змея изначально хитрым. Бог сделал его достаточно мудрым, чтобы тот нравился человеку. Змей стал хитрым лишь после того, как через него проявилась греховная природа. Если бы змей не внял голосу сатаны, а исполнял бы только волю Божью, он стал бы мудрым и добрым животным. Но поскольку змей послушал сатану, он, став хитрым животным, обманул Еву и обрек ее на смерть.

### Потому что Ева изменила Слово Божье

Змей знал, что Бог сказал Адаму: *«От всякого дерева в саду ты будешь есть, а от дерева познания добра и зла не ешь от него, ибо в день, в который ты вкусишь от него, смертью умрешь»* (Бытие, 2:16-17). Поэтому змей с хитростью спросил Еву: *«Подлинно ли сказал Бог: "не

ешьте ни от какого дерева в раю"?» (гл. 3, ст. 1)
Как ответила змею Ева?

*«Плоды с дерев мы можем есть, только плодов дерева, которое среди рая, сказал Бог, не ешьте их и не прикасайтесь к ним, чтобы вам не умереть» (Бытие, 3:2-3).*

Бог дал Адаму ясное предупреждение: *«А от дерева познания добра и зла не ешь от него, ибо в день, в который ты вкусишь от него, смертью умрешь»* (Бытие, 2:17). Он подчеркнул, что они смертью умрут, если вкусят плод того дерева. Однако в ответе Евы это не прозвучало настолько явно. Она отвечает расплывчато: «... чтобы вам не умереть». Она опускает точные слова Бога: «смертью умрешь». Другими словами, она имеет в виду: «Если вкусишь запретного плода, то, может, умрешь, а может, и нет».

Она не помнила заповеди Божьей и подвергла слово Божье небольшому сомнению. Услышав ее расплывчатый ответ, змей подверг ее еще большему искушению. Он даже извращает заповедь Бога. Змей сказал женщине: «Нет, не умрете». Он переиначивает заповедь Божью и подбадривает ее: *«Но знает Бог, что в день, в который вы вкусите их, откроются глаза ваши, и вы будете, как боги, знающие добро и зло»* (Бытие, 3:5). Он искушает ее снова, еще более разжигая ее любопытство.

## Ева проявляет непослушание по своей собственной свободной воле

После того как сатана через мысли, не соответствующие истине, вдохнул греховные вожделения в женщину, дерево показалось ей совсем не таким, каким она видела его до этого. Бытие, 3:6, говорит: *«И увидела жена, что дерево хорошо для пищи и что оно приятно для глаз и вожделенно, потому что дает знание; и взяла плодов его и ела; и дала также мужу своему, и он ел»*.

Ей следовало решительно и полностью отвергнуть искушение змея. Вожделения грешного человека, похоть очей и гордость житейская поглотили ее и ввергли в грех непослушания.

Некоторые говорят: «Разве Адам и Ева вкусили плод от дерева познания добра и зла не потому, что «греховная природа» в них уже была заложена?». До непослушания греховной природы в них не было, а была только добродетель. Они обладали своей собственной свободной волей, и по ней могли не вкушать, а могли, вопреки заповеди Божьей, и вкусить запретный плод.

Время шло, и они забыли заповедь Бога. Тогда сатана искусил их через змея, и они не устояли перед искушением. Таким образом, грех вошел в них, и они нарушили порядок, прежде установленный Богом.

Подобное происходит с детьми, когда в них произрастает зло. Даже нечестивый в делах и словах ребенок не бывает настолько злым и нечестивым от рождения. Сначала он повторяет грубые слова или ругательства других детей, не зная их значения. Или подражает мальчику, ударившему другого, и ему тоже нравится самому бить и смотреть, как заплакал побитый. И он опять и опять бьет других, а зло, зародившись, растет в нем.

Таким же образом Адам изначально не имел греховной природы. Когда же он не послушался заповеди Божьей и по своей собственной свободной воле ел от того дерева, грех был зачат, и зло укоренилось в нем.

## Возмездие за грех – смерть

Адам и Ева умерли смертью, вкусив от дерева, именно так, как Бог и предупреждал Адама: «Ты не должен есть от дерева познания добра. Когда ты вкусишь от него, смертью умрешь». В Послании Иакова, 1:15, сказано: *«Похоть же, зачав, рождает грех, а сделанный грех рождает смерть»*.

Послание к Римлянам, 6:23, учит нас закону духовного мира и последствиям греха: «Возмездие за грех – смерть». Рассмотрим, как смерть пришла к Адаму и Еве в результате их непослушания.

### Смерть их духа

Бог ясно сказал Адаму: *«От дерева познания добра и зла не ешь от него, ибо в день, в который ты вкусишь от него, смертью умрешь»*. Тем не менее, они не умерли непосредственно после того, как ослушались заповеди Божьей. Они жили очень долго и родили еще много детей.

Так о какой «смерти» предупреждал Бог?

Он имел в виду не смерть их тел, а смерть их духа. Человеку при сотворении был дан дух, который может общаться с Богом, душа, которая является служанкой их духа, и тело, в котором обитают дух и душа. 1-е послание к Фессалоникийцам, 5:23, говорит, что человек состоит из духа, души и тела. Когда Адам и Ева ослушались заповеди Божьей, их дух, хозяин человека, умер.

Бог чист, непорочен и Свят. Он обитает во Свете, не имеющем равных, поэтому, грешники не могут быть вместе с Ним. Адам мог общаться с Богом, когда был живым духом, но, после того как дух Адама в результате греха умер, он уже больше не мог общаться с Богом.

### Начало мучительной жизни

Сад Эдемский был прекрасным местом изобилия, где Адам и Ева, питаясь от древа жизни, могли жить вечно, без переживаний и тревог. Но после того как они согрешили, были изгнаны из Эдемского сада. С этого момента начались их беды и невзгоды.

Женщину ожидали боли при беременности и родах, у нее появилось влечение к мужу, а муж стал господствовать над ней. Только горьким, болезненным и тяжким трудом возделывая проклятую землю, предстояло человеку со скорбью питаться от нее во все дни его жизни (Бытие, 3:16-17).

Бог говорит Адаму в Бытии, 3:18-19: *«Терние и волчцы произрастит она тебе; и будешь питаться полевою травою; в поте лица твоего будешь есть хлеб, доколе не возвратишься в землю, из которой ты взят, ибо прах ты и в прах возвратишься».* В этих стихах Бог подразумевает, что человек должен вновь стать пригоршней пыли.

Поскольку прародитель всего человечества, Адам, совершил грех непослушания и его дух умер, все его потомки рождаются грешниками и встают на путь смерти.

В Послании к Римлянам, 5:12, написано о передающемся наследии Адама: *«Посему, как одним человеком грех вошел в мир, и грехом смерть, так и смерть перешла во всех человеков, [потому что] в нем все согрешили».*

### Все люди рождены с первородным грехом

Бог сделал людей способными плодиться и возрастать количественно через семена жизни, которые Он вложил, создав их. Зачатие человека происходит при соединении сперматозоида и яйцеклетки, которые Бог дает каждому мужчине и женщине как семена жизни. Поскольку сперма и яйцо имеют характеристики обоих родителей, зачатый при соединении сперматозоида и яйцеклетки, младенец напоминает своих родителей: внешностью, характером, вкусами, привычками, предпочтениями, походкой и т. д.

Поэтому греховная природа Адама передалась всем его потомкам, после того как Адам, прародитель всего человечества, согрешил. Это называется «первородным грехом». Потомки Адама рождаются с первородным грехом. Таким образом, все люди неизбежно являются грешниками.

Некоторые неверующие жалуются: «Почему или как я считаюсь грешником? Я никакого греха не совершил». Или иные спрашивают: «Как мог грех Адама перейти ко мне?».

Возьмем такой пример. У кормящей матери есть дитя, которому еще нет года. Она прикладывает к груди другого младенца на глазах своего собственного ребенка. Скорее всего, ее малыш огорчится, начнет отталкивать его. Если мать не отнимет чужого ребенка от груди и тот не перестает сосать грудь, малыш может сильно толкнуть или ударить свою мать, или другого младенца. Если мать продолжает давать молоко другому ребенку, ее собственный может расплакаться.

И хотя никто не учил малыша завидовать, ревновать, ненавидеть, жадничать, бить других, это зло уже заложено в младенце от рождения. Этот факт объясняет то, что люди появляются на свет с врожденным первородным грехом, который наследуется от их родителей.

Много ли грехов совершает человек на протяжении всей своей жизни? Вы должны понять, что не только греховные действия, но и любого рода зло в мыслях человека есть грех перед Богом, Который есть сам Свет. Бог чувствует и видит такое зло в умах, как ненависть, жадность, осуждение и многое другое.

Поэтому Библия говорит нам, что никто не оправдается перед Богом делами закона и что все согрешили и лишены славы Божией (Посл. к Римлянам, 3:20,23).

### Не только человек, но и все вокруг проклято

Когда Адам, бывший хозяином всего, согрешил и был проклят, земля и весь скот, все звери полевые и птицы небесные были прокляты вместе с ним. С тех пор стали существовать такие вредные и ядовитые насекомые, как мухи и комары, переносящие всевозможные болезни.

Земля начала производить тернии и волчцы, а людям пришлось скорбным и тяжким трудом, в поте лица своего, собирать себе в пищу урожай растений. Люди вынуждены были познать слезы, печаль, боль, болезни, смерть и тому подобное, потому что были прокляты на этой земле.

Так, в Послании к Римлянам, 8:20-22, читаем: *«Потому что тварь покорилась суете не добровольно, но по воле покорившего ее, в надежде, что и сама тварь освобождена будет от рабства тлению в свободу славы детей Божиих. Ибо знаем, что вся тварь совокупно стенает и мучится доныне».*

А как же был проклят змей? В Бытии, 3:14, Бог сказал хитрому змею, искусившему человека ко греху: *«За то, что ты сделал это, проклят ты пред всеми скотами и пред всеми зверями полевыми; ты будешь ходить на чреве твоем, и будешь есть прах во все дни жизни твоей».* Змеи, однако, не едят пыли, а питаются такими животными, как птицы, лягушки, мыши или насекомые. Бог сказал ясно: «И будешь есть прах во все дни жизни твоей». Как же истолковать этот стих?

«Прах» здесь символизирует «человеков, созданных из праха земного» (Бытие, 2:7), а «змей» в данном случае означает врага - дьявола и сатану (Откровение, 20:2). *«И будешь есть прах во все дни жизни твоей»* символизирует то, что сатана и дьявол пожирают людей, которые не живут по слову Бога, а ходят во тьме.

Даже чада Божьи сталкиваются с невзгодами и тяготами, которые наводит враг дьявол, когда они творят зло и грешат против воли Божьей. Сегодня враг - дьявол и сатана, как рыкающий лев, ищет, кого поглотить (1-е посл. Петра, 5:8). Если он находит кого-то, он порабощает его, или ее, проклятием греха и тянет человека на путь погибели. Если возможно, он пытается искусить даже детей Божьих.

Враг - дьявол и сатана - искушает тех, кто говорит: «Я верую в Бога», но не уверен в Божьем Слове, и ведет их на путь погибели. Обычно враг – дьявол и сатана - старается искусить вас через самых близких вам людей – супругов, друзей, родственников, так же, как они соблазнили Еву через змея, одного из самых любимых ею животных.

Например, ваш супруг или подруга могут спросить: «А что, недостаточно того, чтобы ходить только на утреннее воскресное богослужение? Тебе что, всегда нужно ходить и на воскресную вечернюю службу тоже?», или «Вы что, пытаетесь участвовать в ежедневных собраниях?», «Бог понимает внутреннее, сокровенное и знает самые глубины твоего сердца, Он же Всеведущ и Всемогущ. Нужно ли взывать в молитве?».

Бог повелел вам помнить День Субботний и святить его (Исход, 20:8), собираться во имя Господа (Посл. к Евреям, 10:25) и взывать в молитве (Кн. пророка Иеремии, 33:3). Сатана не может ни искусить, ни заставить согрешить тех, кто полностью пребывает в Слове Божьем (От Матфея, 7:24-25).

Точно так, как говорится в Послании к Ефесянам, 6:11: *«Облекитесь во всеоружие Божие, чтобы вам можно было стать против козней диавольских»*, и вы должны вооружиться словом истины Божьей и с верой бесстрашно гнать от себя врага - дьявола и сатану.

## Почему Бог поместил дерево познания добра и зла в саду Эдемском?

Бог поместил дерево познания добра и зла в саду Эдема не для того, чтобы подтолкнуть человека на путь погибели, но чтобы дать ему истинное счастье. Не в силах понять Его глубокого плана, многие люди неправильно понимают любовь и справедливость Бога, и даже не верят в Него. Они влачат скучное безжизненное существование, не находя истинного смысла своей жизни.

Однако, почему же Бог поместил дерево познания добра и зла в саду Эдемском и почему это приносит вам большие благословения?

### Адам и Ева не знали истинного счастья

Эдемский сад был столь красив и изобилен, что вы и вообразить себе не можете. Бог сотворил так, что из земли вырастали самые разнообразные деревья. Они были приятны для глаз и хороши для пищи. Посреди сада росли дерево жизни и дерево познания добра и зла (Бытие, 2:9).

Почему же Бог посреди сада, там, где его хорошо видно, вместе с деревом жизни поместил и это дерево познания добра и зла? Бог никогда не имел намерения подтолкнуть их на путь погибели, подвергнуть соблазну отведать от этого дерева. Но у Бога было провидение через дерево познания добра и зла привести нас к пониманию относительности и стать Его истинными и духовными чадами, способными чувствовать Его сердце.

Люди, познавшие на своем опыте слезы, горе, нищету или болезни, могут подумать, что Адам и Ева были очень счастливы в Эдемском саду, потому что не испытывали там боли, слез, горя, нищеты и болезней. Однако люди в саду Эдема не знали ни истинного счастья, ни истинной любви, потому что сравнивать им было не с чем.

Приведем пример. Вот два мальчика. Один родился и вырос в нищете, а другой от рождения наслаждался изобилием. Если подарить им обоим очень дорогую игрушку, как отреагирует каждый из них? С одной стороны, мальчик, привыкший к роскоши, не будет так благодарен, поскольку вряд ли оценит значимость игрушки. Второй же мальчик, росший в нищете, будет очень благодарен и будет считать игрушку большой драгоценностью.

## Истинное счастье познается в сравнении

Таким же образом испытавшие отсутствие свободы или изобилия, имея возможность сравнивать, знают и наслаждаются истинным счастьем или истинной свободой.

В отличие от Эдемского сада, в этом мире многое поддается сравнению. Если хотите узнать и порадоваться истинной ценности чего-либо, попробуйте сравнить с чем-то другим. Нельзя в полной мере осознать истинной ценности того, что имеешь, не испытав противоположного.

Например, если хотите познать истинное счастье, придется пережить несчастье. Желаешь узнать ценность истинной любви, переживи ненависть. Вы не сможете полностью осознать ценность своего здоровья, покуда не испытаете боль от болезней или плохого самочувствия. Не осознаете ценность вечной жизни и не будете благодарны Богу Отцу, который готовит вам благие Небеса, до тех пор, пока не поймете, что есть верная смерть и ад.

Первый человек, Адам, мог есть, чего душа захочет, и имел власть хозяйничать во всем Эдемском саду. Все это он получил не тяжким трудом и не в поте лица своего. По этой причине он не выражал благодарности Богу, давшему ему все это, и не имел ни милости, ни любви к Нему в своем сердце.

Позднее, Адам не повиновался заповеди Бога, вкусив плод. До той поры он был живым духом, но после грехопадения его дух умер, и он стал человеком плоти. Он и его жена были изгнаны из Эдемского сада и стали жить на этой земле. К нему пришло то, чего он никогда не испытывал в саду Эдема: слезы, горе, болезни, боль, несчастье, смерть и так далее. Наконец, он на своем опыте познал все это в противовес счастью Эдемского сада.

В этом процессе Адам и Ева смогли понять и почувствовать, что такое счастье или несчастье и насколько ценны свобода и изобилие, которые ранее были даны им Богом в саду Эдема.

Ваша жизнь будет бессмысленна, если жить вечно, не зная, что такое счастье и несчастье. Если даже сейчас у вас есть трудности, то ваша жизнь будет более ценной и осмысленной, если потом вы сможете испытать истинное счастье.

Например, хотя родители и предполагают, что учение будет болезненно для ребенка, однако, в школу его отводят. Если они любят своих детей, то с готовностью способствуют их усердной учебе и помогают узнать на опыте много хорошего. Таково и сердце Бога Отца, пославшего людей в этот мир и, через разного рода опыт, взращивающего их как Своих истинных детей.

По этой самой причине Бог поместил дерево познания добра и зла в Эдемском саду и не препятствовал тому, чтобы Адам и Ева вкусили от него по своей собственной свободной воле. Он предусмотрел все, чтобы люди пережили всякого рода радости, печали и удовольствия в этом мире и, пройдя путем взращивания человечества, могли стать Его истинными чадами.

Через болезненный опыт они, в конечном счете, шаг за шагом, в глубине своих сердец смогли понять истинную ценность и значение всего пережитого.

Познав и прочувствовав истинное счастье через взращивание человечества, дети Божьи больше не предадут Бога, в отличие от Адама, сделавшего это в саду Эдемском, сколько бы времени с тех пор ни миновало. Напротив, исполнившись радостью и благодарностью, они будут любить Его больше и воздавать Ему большую славу.

### Истинное счастье на Небесах

Чада Божьи, в этом мире испытавшие слезы, горе, боль, болезни, смерть и т.д., навечно войдут в Небеса и насладятся там бесконечным счастьем, любовью, радостью и благодарением. Они будут чувствовать радость совершенного счастья на Небесах.

В этом плотском мире все тленно и смертно, но там, в вечном Небесном Царстве, нет тления, смерти, слез и горя. Золото в этом мире ценится больше всего: все дороги в небесном Новом Иерусалиме вымощены чистым золотом. Небесные обители прекрасны и выполнены из драгоценных камней. Сколь же они чудесны и восхитительны!

Я очень ценил золото и драгоценности до своей встречи с Богом, но с того времени, как я узнал о вечных Небесах, я начал считать все в этом мире тщетным и ничего не стоящим. Жизнь в этом мире – это мгновение в сравнении с вечностью. Если вы воистину веруете и уповаете на вечные Небеса, вы никогда не полюбите этот мир. Наоборот, вы будете только размышлять о том, что вам следует и должно сделать для спасения еще одного человека или как благовествовать всем народам в мире. Вы начнете собирать для себя награды на Небесах, отдавая самое лучшее Богу от всего своего сердца, а не пытаясь копить богатства для себя здесь, на земле.

Апостол Павел смог пройти свой трудный путь до конца с радостью и благодарностью, потому что Бог показал ему в видении Третье небо. Как апостолу язычников ему пришлось преодолеть чрезвычайные невзгоды. Бог показал ему великую красоту Небес и воодушевил его пройти путь до конца с упованием на Небеса. Его били палками, сурово бичевали, побивали камнями, часто заключали в темницу, он проливал кровь, проповедуя Евангелие Господа. Несмотря ни на что, Павел знал, что за все пережитое он получит великую, неописуемую награду на Небесах. В конце концов, все его беды были ради великих небесных благословений.

Люди Божьи не надеются на этот мир. Они страстно желают Царства Небесного. Этот мир – лишь миг в глазах Бога, а жизнь в Царстве Небесном – вечна. На Небесах нет ни слез, ни горя, ни страданий, ни смерти. Поэтому они всегда могут жить с радостью, надеясь на великое воздаяние, которым Бог наградит их на Небесах, соответственно тому, что они посеяли или совершили.

Поэтому я молюсь во имя Господа нашего Иисуса Христа, чтобы вы поняли великую любовь и провидение Бога Творца и подготовились войти на Небеса, дабы насладиться вечной жизнью и счастьем на удивительно прекрасных и славных Небесах.

СЛОВО О КРЕСТЕ

Глава 4

# Тайна, сокрытая до начала времен

- Власть Адама передана дьяволу
- Закон о выкупе земли
- Тайна, сокрытая до начала времен
- Иисус отвечает требованиям закона

## СЛОВО О КРЕСТЕ

*«Мудрость же мы проповедуем между совершенными, но мудрость не века сего и не властей века сего преходящих, но проповедуем премудрость Божию, тайную, сокровенную, которую предназначил Бог прежде веков к славе нашей, которой никто из властей века сего не познал; ибо если бы познали, то не распяли бы Господа славы».*

1-е послание к Коринфянам, 2:6-8

Адам и Ева, искушаемые змеем в Эдемском саду, не подчинились Божьей заповеди и вкусили от дерева познания добра и зла, потому что возжелали стать подобными Богу. В результате они и все их потомки стали грешниками.

С человеческой точки зрения считается, что Адам и Ева были несчастны из-за того, что их изгнали из Эдемского сада и им пришлось пойти путем погибели. С духовной же точки зрения, это - дивное благословение Божье, поскольку им была дана возможность радоваться спасению, вечной жизни и небесным благословениям через Иисуса Христа.

Благодаря человеческому возделыванию, тайна, сокрытая для нашей славы до начала веков, была открыта и указан путь спасения для всех народов. Давайте, глубже проникнем в тайну, сокрытую до начала времен, и в то, как был указан путь к спасению.

## Власть Адама передана дьяволу

В Евангелии от Луки, 4:5-6, мы читаем о том, как дьявол искушал Иисуса по завершению им сорокадневного поста:

*«И, возведя Его на высокую гору, диавол показал*

*Ему все царства вселенной во мгновение времени, и сказал Ему диавол: Тебе дам власть над всеми сими [царствами] и славу их, ибо она предана мне, и я, кому хочу, даю ее».*

Дьявол сказал, что он отдаст власть Иисусу, потому что она была кем-то передана ему. Почему Бог, управляющий всем, допустил, чтобы вся власть была отдана дьяволу?

Сказано в Бытии, 1:28: *«И благословил их Бог, и сказал им Бог: плодитесь и размножайтесь, и наполняйте землю, и обладайте ею, и владычествуйте над рыбами морскими и над птицами небесными, и над всяким животным, пресмыкающимся по земле».*

Адам получил от Бога власть и силу управлять всем и быть хозяином на земле. Он был господином всего, но после продолжительного времени хитрый змей обманным путем уговорил его и жену его вкусить от дерева познания добра и зла. Адам совершил грех непослушания Богу.

В Послании к Римлянам, 6:16, записано: *«Неужели вы не знаете, что, кому вы отдаете себя в рабы для послушания, того вы и рабы, кому повинуетесь, или [рабы] греха к смерти, или послушания к праведности?».* Вы – либо раб греха, либо раб праведности. Если вы совершаете грехи, вы – раб греха и идете путем смерти. Если подчиняетесь слову праведности, вы – раб праведности и войдете на Небеса.

Адам совершил грех непослушания Богу и стал рабом греха. Он лишился данных ему Богом власти и силы. Ему пришлось передать их дьяволу точно так же, как все имущество раба обычно переходит к его хозяину. Словом, Адам передал власть и силу, данные ему Богом, дьяволу, потому что согрешил и стал рабом греха.

Результатом непослушания Адама стала греховность всего человечества. Грех явился причиной того, что и он, и все его потомки были обречены на смерть и рабское служение дьяволу.

## Закон о выкупе земли

Что необходимо предпринять людям, чтобы освободиться от врага - дьявола и сатаны и спастись от грехов и смерти? Кто-то скажет: «Бог спасает каждого, не выдвигая условий, так как Бог есть Любовь. Он проявляет сострадание и милость». Однако 1-е послание к Коринфянам, 14:40, гласит: *«Только все должно быть благопристойно и чинно»*. Бог делает все по порядку, согласно закону духовного мира. Бог не поступит вопреки духовному закону, потому что Он – Бог Справедливости и Беспристрастия.

В духовном мире есть закон наказания грешников, гласящий: «Возмездие за грех - смерть». Есть также закон искупления грешников. Этот духовный закон был применен для возвращения власти Адама, переданной дьяволу.

Каков закон искупления грешников? Это закон о выкупе земли, записанный в Ветхом Завете. До начала времен Бог Отец в тайне подготовил путь спасения человечества, согласно этому закону.

## Что такое закон о выкупе земли?

Вот Божья заповедь израильтянам в книге Левит, 25:23-25:

> *«Землю не должно продавать навсегда, ибо Моя земля: вы пришельцы и поселенцы у Меня. По всей земле владения вашего дозволяйте выкуп земли. Если брат твой обеднеет и продаст от владения своего, то придет близкий его родственник и выкупит проданное братом его».*

Вся земля принадлежит Богу, и ее нельзя продавать навсегда. Если владелец земли обеднеет и продаст землю, Бог позволяет его близкому родственнику выкупить проданную землю. Таков закон о выкупе земли.

При продаже или купле земли народ Израиля составлял земельную купчую на основании закона о выкупе земли, то есть, не продавая ее навсегда.

Продавец и покупатель тщательно заполняли документ на землю с тем, чтобы продающий или его ближайший родственник смог в будущем ее выкупить. Они делали копию купчей и ставили на обоих экземплярах свои печати в присутствии двух или трех свидетелей. Один экземпляр купчей запечатывался и находился в хранилище святого храма. Другой оставался открытым и незапечатанным и хранился при входе в храм. Закон о выкупе земли позволяет продающему или его ближайшему родственнику выкупить землю в любое время.

## Закон о выкупе земли и спасение человечества

Почему Бог подготовил путь спасения человечества в соответствии с законом о выкупе земли? Бытие, 3:19 и 23, ясно говорит нам, что закон о выкупе земли имеет прямую связь со спасением человечества:

*«В поте лица твоего будешь есть хлеб, доколе не возвратишься в землю, из которой ты взят; ибо прах ты и в прах возвратишься». (Бытие, 3:19).*

*«И выслал его Господь Бог из сада Едемского, чтобы возделывать землю, из которой он взят» (Бытие, 3:23).*

Бог сказал Адаму после грехопадения: *«Ибо прах ты и в прах возвратишься»*. Здесь, «прах» является символом людей, которые были сотворены из земного праха. Поэтому люди возвращаются в землю после смерти.

Закон о выкупе земли гласит, что вся земля принадлежит Богу и не должна продаваться навсегда (Левит, 25:23-25). Эти стихи означают, что все люди, созданные из праха земли, принадлежат Богу и не могут быть навсегда проданы. Это также указывает на то, что ни власть, ни сила, полученные Адамом от Бога в Эдемском саду, не могут быть отданы навсегда, так как они принадлежат Богу.

Власть Адама была передана врагу - дьяволу и сатане, но тот, кто отвечает условиям выкупа власти, утраченной Адамом, сможет вернуть ее, отняв у врага дьявола. Поэтому справедливый Бог предназначил совершенного искупителя, согласно закону о выкупе земли. Этим искупителем является Спаситель всех людей.

## Тайна, сокрытая до начала времен

До начала времен Бог Любви знал, что Адам проявит неповиновение Ему, и все его потомки встанут на путь смерти. Он подготовил путь спасения для людей и сокрыл тайну его до наступления избранного Им времени.

Если бы дьявол знал путь Божий, то, чтобы не потерять своей власти, он стал бы препятствовать Богу разрешить проблему греха и смерти всех людей. В 1-ом послании к Коринфянам, 2:7, замечено: *«Но проповедуем премудрость Божию, тайную, сокровенную, которую предназначил Бог прежде веков к славе нашей»*.

### Иисус Христос – премудрость Божия

В Послании к Римлянам, 5:18-19, говорится: *«Посему, как преступлением одного - всем человекам осуждение, так правдою одного - всем человекам оправдание к жизни. Ибо как непослушанием одного человека сделались многие грешными, так и послушанием одного сделаются праведными многие»*.

Все люди могут стать праведными и быть спасены послушанием одного человека, точно так же, как все люди стали грешниками и пали на путь смертный из-за неповиновения одного человека.

Поэтому Бог послал Иисуса Христа, Которого Он в тайне приготовил как путь спасения, и позволил, чтобы Иисус был распят и вновь воскрес. С того времени всякий, верующий в Него, спасен. В 1-ом послании к Коринфянам, 1:18, Бог говорит нам: *«Ибо слово о кресте для погибающих юродство есть, а для нас, спасаемых, - сила Божия»*.

Некоторым кажется нелепым, что Сын Всемогущего Бога был уничижен и убит Его же созданиями. Однако этот «нелепый» замысел Бога значительно мудрее любых наимудрейших человеческих планов, а Божья «слабость» значительно превышает любую человеческую силу (1-е посл. к Коринфянам, 1:19-24). Библия недвусмысленно говорит, что никто не может оправдаться в глазах Бога, исполнив закон. И вот таким простым способом Бог открыл путь спасения всякому, кто уверует в Иисуса Христа.

Возмездие за грех – смерть. Таким образом, никто бы не мог быть спасен, если бы Иисус не умер за наши грехи. Иисус был распят за наши грехи и воскрес силою Божьей. Так Бог приготовил путь, который мог показаться слабым или глупым, и сокрыл его на долгое время.

Бог сокрыл Иисуса Христа и Его распятие в тайне из-за врага - дьявола и сатаны. Если бы он знал об этом, то помешал бы пути человеческого спасения. Дьявол никогда не убил бы Иисуса на кресте, если бы знал, что Бог посредством креста приготовил путь спасения, чтобы искупить всех людей от грехов, спасти их от смерти и вернуть власть Адама, отняв ее у дьявола.

Опять же вспомним 1-е послание к Коринфянам, 2:7-8:

*«Но проповедуем премудрость Божию, тайную, сокровенную, которую предназначил Бог прежде веков к славе нашей, которой никто из властей века сего не познал; ибо, если бы познали, то не распяли бы Господа славы».*

## Иисус отвечает требованиям закона

Как любой контракт содержит условия, так и в духовном царстве есть правило, которое оговаривает, каким требованиям должен отвечать Искупитель, чтобы восстановить утерянную Адамом власть, отобрав ее у дьявола, в соответствии с законом о выкупе земли.

Например, кому-то грозит банкротство в бизнесе. У него большой долг, но нет возможности его погасить. Если у человека есть состоятельный брат, который его любит, тот сразу выплатит все его долги.

Все люди - грешники из-за падения Адама и нуждаются в Искупителе, отвечающем условиям, для очищения их от грехов. Каковы же требования к Искупителю? Почему Библия говорит, что только Иисус отвечает этим требованиям?

### Первое: Искупитель должен быть человеком

Левит, 25:25, гласит: *«Если брат твой обеднеет и продаст от владения своего, то придет близкий его родственник и выкупит проданное братом его».* Закон о выкупе земли говорит, что если человек обеднел и продает имущество, то его ближайший родственник может выкупить его собственность.

В 1-ом послании к Коринфянам, 15:21-22, читаем: *«Ибо, как смерть через человека, [так] через человека и воскресение мертвых. Как в Адаме все умирают, так во Христе все оживут».* Он должен быть человеком - это первое требование к Искупителю, способному восстановить власть Адама. Этот факт еще раз описан в Откровении, 5:1-5:

*«И видел я в деснице у Сидящего на престоле книгу, написанную внутри и отвне, запечатанную семью печатями. И видел я Ангела сильного, провозглашающего громким голосом: кто достоин раскрыть сию книгу и снять печати ее? И никто не мог, ни на небе, ни на земле, ни под землею, раскрыть сию книгу, ни посмотреть в нее. И я много плакал о том, что никого не нашлось достойного раскрыть и читать сию книгу, и даже посмотреть в нее. И один из старцев сказал мне: не плачь; вот, лев от колена Иудина, корень Давидов, победил [и может] раскрыть сию книгу и снять семь печатей ее».*

Книга, написанная «внутри и отвне», запечатанная семью печатями, означает контракт, заключенный ранее между Богом и дьяволом, когда Адам ослушался Бога и стал грешником. Апостол Иоанн ни на небе, ни на земле, ни под землей не мог найти достойного сломать печати и открыть свиток.

Это так, потому что ангелы небесные не люди; все люди на земле - грешники, так как они - потомки Адама; а под землей – только злые духи, принадлежащие дьяволу, да мертвые души, следующие в ад.

И тут один из старцев сказал Иоанну: *«Не плачь; вот, лев от колена Иудина, корень Давидов, победил, [и может] раскрыть сию книгу и снять семь печатей ее».* Здесь, «корень Давидов» означает Иисуса, потомка царя Давида, родившегося в колене Иудином (Деяния, 13:22-23). Таким образом, Иисус отвечает первому условию закона о выкупе земли.

Кто-то может сказать, что «Бог есть Абсолют. Иисус, несомненно, является Богом, потому что Он - Сын Божий. И Он ни в коем случае не человек». Однако вспомним Евангелие от Иоанна, 1:1, где сказано: *«Слово было Бог»,* и *там же, 1:14: «И Слово стало плотию и обитало с нами».* Бог, бывший Словом, стал плотью и жил среди нас здесь, на земле.

Это Иисус, по изначальной сущности, был Богом и, став плотью, уподобился человеку. Он был Словом в Своей сущности и Сыном Божьим. В Нем было человеческое и божественное. Однако Он родился и вырос во плоти, в облике человеческом. История человечества разделилась на две части со времени рождения Иисуса: *до рождества Христова* и *от рождества Христова*. Одно это уже свидетельствует о том, что Иисус стал плотью и сошел на эту землю. Рождество Иисуса, Его воспитание и распятие - также части этого очевидного факта.

Поэтому Иисус является человеком и отвечает всем

требованиям, для того чтобы быть нашим Искупителем.

## Второе: Он не должен быть потомком Адама

Должник не может платить по чужим долгам. У кого самого нет долгов и есть возможность помочь, тот может выплатить долги других. К тому же, Искупитель всех людей должен быть чист и непорочен, чтобы искупить всех людей от грехов и смерти. Все люди – потомки Адама и грешники, потому что согрешил первый праотец всех людей, Адам. Никто из его потомков не может быть Искупителем всех людей, потому что все люди сами грешники. Даже самый величайший в истории человек не может понести ответственность за грехи других.

Отвечает ли Иисус этому требованию?
Евангелие от Матфея, 1:18-21, описывает рождество Иисуса. Он был зачат от Святого Духа, а не от соединения мужчины и женщины. Стихи гласят:

*«Рождество Иисуса Христа было так: по обручении Матери Его Марии с Иосифом, прежде нежели сочетались они, оказалось, что Она имеет во чреве от Духа Святого. Иосиф же, муж Ее, будучи праведен и не желая огласить Ее, хотел тайно отпустить Ее. Но когда он помыслил это, - се, Ангел Господень явился ему во сне и сказал: Иосиф, сын Давидов! не бойся принять Марию, жену твою; ибо родившееся в Ней есть от Духа*

*Святого; родит же Сына, и наречешь Ему имя: Иисус; ибо Он спасет людей Своих от грехов их».*

По родословию, Иисус был потомком Давида (От Матфея, 1; От Луки, 3:23-37). Однако Он был зачат от Духа Святого прежде, чем Мария сочеталась браком с Иосифом. Поэтому в Нем не было греховной природы.

Каждый рождается, наследуя греховную природу своих родителей. Другими словами, после грехопадения Адама он передал свою греховную природу всем своим потомкам. Она и по сей день наследуется всеми людьми и называется «первородным грехом». По этой причине все потомки Адама - грешники, и другого человека искупить не могут.

Поэтому Бог Отец запланировал, чтобы Его Сын Иисус был зачат от Святого Духа в утробе Девы Марии. Таким образом, Иисус стал плотью и вошел в этот мир, но не был потомком Адама.

### Третье: Он должен обладать силой одолеть дьявола

Опять же Левит, 25:26-27, гласит:

*«Если же некому за него выкупить, но сам он будет иметь достаток и найдет, сколько нужно на выкуп, то пусть он расчислит годы продажи своей и возвратит остальное тому, кому он продал, и вступит опять во владение свое».*

Если кратко, то Искупитель должен обладать силой

выкупить проданную землю. Бедный человек, даже при большом желании, не может выплатить долги своего друга. Таким же образом Искупитель, чтобы выкупить всех людей от их грехов, не должен иметь на себе никакого греха. А не иметь греха в духовном царстве значит обладать силой.

Искупитель должен иметь силу одолеть врага - дьявола и сатану и восстановить утерянную Адамом власть. То есть у Искупителя не должно быть ни первородного, ни какого-либо своего собственного греха. Только безгрешный Искупитель может одолеть и освободить всех людей от дьявола.

Был ли Иисус безгрешен?

Иисус не имел первородного греха, поскольку был зачат Святым Духом. Он полностью повиновался Закону Божьему, потому что рос под контролем богобоязненных родителей. Он исполнил Закон любовью. Он был обрезан на восьмой день после Своего рождения (От Луки, 2:21). Он не совершил ни единого собственного греха и только повиновался воле Бога Отца до Своего распятия в возрасте 33-х лет (1-е посл. Петра, 2:22-24; Посл. к Евреям, 7:26).

Иисус мог одолеть дьявола и мог искупить всех людей, потому что на Нем вообще не было греха. Многие дела Его силы свидетельствовали о Его «безгрешности». Он изгонял бесов, делал слепых зрячими, глухих слышащими, хромых способными ходить и исцелял любые неизлечимые болезни. Когда Он, сказав морю и ветру: «Умолкни, перестань», запретил им, утихло бушующее море и ураганный ветер сделался великой тишиной (От Марка, 4:39).

### Наконец, Он должен иметь жертвенную любовь

Даже богач не выкупил бы землю, если бы не имел любви к человеку, продававшему ее. Так и Искупитель должен любить грешников настолько, чтобы быть готовым пожертвовать Собой, раз и навсегда решая проблему греха.

В Книге Руфь, 4:1-6, Вооз хорошо знал о нищете Наомини и велел ее ближайшему родственнику выкупить ее землю, если тот захочет. Однако тот человек отказался, сказав Возу: *«Не могу я взять ее себе, чтобы не расстроить своего удела; прими ее ты, ибо я не могу принять»* (ст. 6). Он не выкупил земли для Наомини и Руфи, хотя был достаточно богат, чтобы сделать это. Он не сделал этого, потому что не имел жертвенной любви. После этого разговора Вооз, ближайший после него родственник, имевший право выкупа, выкупил землю, потому что имел такую жертвенную любовь.

Вооз стал законным искупителем и женился на Руфи, потому что имел достаточно любви, чтобы выкупить землю Наомини. Сын, родившийся от Вооза и Руфи, стал прадедом царя Давида и вошел в родословную запись семейной линии Иисуса.

Иисус был распят в любви. Иисус был Словом, но стал плотью и пришел на эту землю. Он не был потомком Адама, потому что был зачат чрез Святого Духа. Таким образом, Он родился, не имея первородного греха. У Него была сила искупить всех людей от грехов, поскольку Сам был безгрешен.

Тем не менее, без духовной и жертвенной любви Он не мог бы стать Искупителем, даже отвечая остальным трем требованиям. Ему надлежало принять наказание, на которое были обречены грешники, чтобы искупить всех людей от грехов.

К Нему должны были отнестись как к самому серьезному и опасному преступнику, Ему суждено было быть повешенным на грубом деревянном кресте. Чтобы спасти всех людей, Он должен был претерпеть оскорбления, поругание и стать предметом насмешек, Его тело должно было истекать кровью и водой. Он должен был заплатить высокую цену и принести великую жертву.

Невозможно найти случай в истории человечества, чтобы невинный царевич умер за свой злой и глупый народ. Иисус – Единственный, Единородный Сын Всемогущего Бога, Царь царей, Господь господствующих и Господин всего творения. Сей великий, благородный и невинный Иисус был повешен на кресте и умер, пролив свою кровь. Какую неизмеримую любовь имел Он к нам?

В самом деле, Иисус творил только благо в течение всей Своей жизни. Он прощал грешников, исцелял всякого рода болезни, освобождал от бесов, даровал Благую весть мира, радости и любви и истинную надежду на Небеса и спасение. Более того, Он отдал за грешников Свою жизнь.

Послание к Римлянам, 5:7-8, гласит: *«Ибо едва ли кто умрет за праведника; разве за благодетеля, может быть, кто и решится умереть. Но Бог Свою любовь к нам доказывает тем, что Христос умер за нас, когда мы были еще грешниками»*. Бог Отец отдал Своего Единственного и Единородного Сына Иисуса нам, не являющимся ни праведными, ни добрыми, и позволил Ему быть повешенным на кресте и умереть. Таким образом Он проявил величайшую любовь.

Поэтому я молюсь во имя Господа, чтобы вы поняли, что невозможно спастись никаким иным именем, кроме Иисуса Христа, чтобы вы обрели право стать чадом Божьим, приняв Иисуса Христа, и всегда жили победителями, имея уверенность в спасении!

Глава 5

# Почему Иисус — наш единственный Спаситель?

- Провидение спасения через Иисуса Христа
- Почему Иисус был повешен на деревянном кресте?
- Нет другого имени в мире, кроме Иисуса Христа

## СЛОВО О КРЕСТЕ

*«Он есть камень, пренебреженный вами, зиждущими, [но] сделавшийся главою угла, и нет ни в ком ином спасения; ибо нет другого имени под небом, данного человекам, которым надлежало бы нам спастись».*
Деяния, 4:11-12

Вы всем сердцем полюбите Бога, когда осознаете Его глубокое и заботливое провидение взращивания человечества. Более того, поняв промысел Божий спасения через Иисуса Христа, вы должны восхититься Его любовью и мудростью.

Как же через Иисуса Христа исполнилось провидение спасения, сокрытое до начала времен? Я говорил вам ранее, что Бог Справедливости приготовил Одного, годного для искупления всех людей по духовному закону, и нет иного под небесами, кроме Иисуса, кто отвечал бы требованиям, предъявляемым к Искупителю.

Иисус – единственный, человек, но не потомок Адама, поскольку зачат Святым Духом и пришел во плоти на землю. Кроме того, Он имел силу и любовь, чтобы искупить всех людей. Так Он мог открыть путь спасения всем людям, будучи распят.

Поэтому в Деяниях святых Апостолов, 4:11-12, говорится: «...И нет ни в ком ином спасения; ибо нет другого имени под небом, данного человекам, которым надлежало бы нам спастись». Всякий, принимающий и верующий в Иисуса Христа, спасен, ему прощаются все грехи. Он выйдет из тьмы в Свет и получит власть и благословения чад Божьих.

Теперь я объясню, почему нужно веровать в Иисуса,

Который был распят для того, чтобы вам стать спасенными и получить власть и благословения дитя Божия.

## Провидение спасения через Иисуса Христа

Бог приготовил путь спасения до начала времен. Книга Бытия пророчествует об Иисусе и тайне человеческого спасения посредством креста.

В Бытии, 3:14-15, читаем:

> «И сказал Господь Бог змею: за то, что ты сделал это, проклят ты пред всеми скотами и пред всеми зверями полевыми; ты будешь ходить на чреве твоем и будешь есть прах во все дни жизни твоей; и вражду положу между тобою и между женою, и между семенем твоим и между семенем ее; оно будет поражать тебя в голову, а ты будешь жалить его в пяту».

Как уже говорилось, духовно «змей» означает врага дьявола, а слова «есть прах» символизируют господство врага дьявола над людьми, сотворенными из праха земного. «Жена» означает «Израиль», а «семя жены» говорит об Иисусе. Фраза «ты [змей] будешь жалить его в пяту» означает, что Иисус будет распят, а семя жены «будет поражать тебя [змея] в голову» подразумевает, что Иисус разрушит лагерь врага - дьявола и сатаны - Своим воскресением из мертвых.

### Сатана не мог понять Божьего плана

Бог держал в тайне это провидение о спасении, чтобы враг - дьявол и сатана - не смог узнать и постичь Его мудрости.

Враг - дьявол и сатана, до того как был поражен, пытался убить «семя жены». Он думал, что ему навечно отдана власть Адама, ослушавшегося Бога. Однако враг дьявол не знал, кто является «семенем жены». Поэтому еще со времен Ветхого Завета он пытался убивать возлюбленных Богом пророков.

Когда родился Моисей, враг - дьявол и сатана - подстрекал фараона, египетского царя, на убийство всех еврейских новорожденных мальчиков (Исход, 1:15-22). Когда Иисус был зачат Святым Духом и пришел на эту землю во плоти, враг дьявол подвинул царя Ирода сделать то же самое

Однако Богу уже был известен план врага сатаны. Ангел Господень явился во сне Иосифу и велел ему взять младенца и мать и идти в Египет. Бог позволил семье жить там до смерти царя Ирода.

### Бог допустил распятие Иисуса

Иисус рос под защитой Бога и в возрасте 30 лет начал Свое служение. Он ходил по всей Галилее, уча в синагогах, исцеляя всякую болезнь и всякую немощь в людях, воскрешая мертвых, проповедуя Евангелие нищим (От Матфея, 4:23; 11:5).

А тем временем, враг - дьявол и сатана - опять замыслил, чтобы первосвященники, учителя закона и фарисеи захотели убить Иисуса. Однако, как вам уже известно из Библии, лукавый не мог даже прикоснуться к Иисусу, поскольку все события, происходившие во время Его жизни, были исключительно в провидении Бога.

Бог позволил врагу - дьяволу и сатане - распять Иисуса только после трех лет Его служения. Тогда на Иисуса надели терновый венец и убили Его, пригвоздив к кресту Его руки и ноги, причинив Ему неимоверную боль.

Распятие – жесточайшая казнь. Враг дьявол немало возрадовался после того, как убил Иисуса таким жестоким образом. Сатана пел от радости победы, так как был уверен, что сможет царствовать над миром, и никто не помешает его правлению. Но в провидении Бога была сокрыта тайна.

## Враг - дьявол и сатана - нарушил духовный закон

Бог не применяет Свою абсолютную суверенную силу против закона, так как Он праведен. Он подготовил путь спасения по духовному закону до начала времен, потому что Он действует только в соответствии с духовным законом.

Поскольку возмездие за грех – смерть, согласно духовному закону (Посл. к Римлянам, 6:23), безгрешный не может умереть. Но враг - дьявол и сатана - распял безгрешного и безвинного Иисуса (1-е посл. Петра, 2:22-23). Этим враг дьявол нарушил духовный закон и попал в собственную ловушку. Он стал орудием человеческого спасения, задуманного Богом. «Семя жены» поразило его в голову, как пророчествуется в Бытии.

Вообще-то, змея может ужалить, если наступить ей на хвост или ударить ее, но становится беспомощной, если держать ее за голову. Поэтому слова из Бытия: «... *и вражду положу между тобою и между женою, и между семенем твоим и между семенем ее; оно будет поражать тебя в голову, а ты будешь жалить его в пяту»* духовно означают, что благодаря Иисусу Христу враг сатана потеряет свою силу и власть. Змей, жалящий в пяту семя жены означает распятие Иисуса, что и произошло по пророчеству в Бытии, 3:15.

### Спасение через распятие Иисуса

Путь спасения, уготованный Богом до отсчета веков, открылся, когда Иисус воскрес на третий день после распятия.

Около 6 тыс. лет назад Адаму пришлось отдать свою власть, полученную от Бога, врагу дьяволу, нарушив своим непослушанием закон духовного мира (От Луки, 4:6). Однако через 4 тыс. лет сатана вынужден был пойти путем погибели, нарушив духовный закон.

Поэтому врагу дьяволу пришлось освободить тех, кто принял Иисуса своим Спасителем, уверовал в Его имя и обрел право называться детьми Божьими. Распял бы враг дьявол Иисуса, если бы ему была известна эта Божья мудрость? Конечно, нет! В 1-ом послании к Коринфянам, 2:8, нам напоминается: «...*[мудрости] которой никто из властей века сего не познал; ибо, если бы познали, то не распяли бы Господа славы».*

Не понимающие этого факта сегодня также удивляются: «Почему Всемогущий Бог не оградил своего Сына от смерти? Почему Он позволил Ему умереть на кресте?». Но если бы вы хорошо понимали провидение креста, вы бы знали, почему Иисуса должны были распять и как Он стал Царем царей и Господом господствующих, одержав блистательную победу над врагом дьяволом. Итак, всякого, кто уверует в Иисуса как в Спасителя, умершего на кресте и воскресшего на третий день во имя искупления людей от всех грехов, можно назвать праведным и спасенным.

## Почему Иисус был повешен на деревянном кресте?

Почему Иисус был повешен на деревянном кресте? Почему крест был деревянным? Были разные способы казни, но Иисус умер на деревянном кресте. Как сказано в Послании к Галатам, 3:13-14, есть три духовные причины, по которым Иисус был повешен на деревянном кресте.

### Первая: чтобы искупить нас от проклятия закона

Послание к Галатам, 3:13, гласит: *«Христос искупил нас от клятвы закона, сделавшись за нас клятвою (ибо написано: "проклят всяк, висящий на древе")»*. Этим объясняется, что Иисус искупил нас от проклятия закона через смерть на деревянном кресте.

Все люди прокляты, и им предназначено умереть из-за

грехопадения первого человека, Адама, как написано в Послании к Римлянам, 6:23: «Ибо возмездие за грех – смерть». Однако Бог отдал Своего Сына Иисуса ради человечества и позволил Ему умереть на деревянном кресте, дабы искупить их от проклятия закона (Второзаконие, 21:23).

Более того, Иисус пролил Свою драгоценную кровь на кресте. Обратимся к стихам 11 и 14 из 17-й главы книги Левита:

*«Потому что душа тела в крови, и Я назначил ее вам для жертвенника, чтобы очищать души ваши, ибо кровь сия душу очищает» (ст. 11).*

*«Ибо душа всякого тела [есть] кровь его, она душа его...» (ст. 14).*

Автор книги Левит пишет, что жизнь есть кровь, потому что всякое творение нуждается в крови, для того чтобы жить, и без нее умрет.

Однако плоть умершего возвращается в прах, а душа идет либо на Небеса, либо в ад. Чтобы получить вечную жизнь, нам нужно быть прощенным от всех наших грехов. Но для прощения всех наших грехов нужно пролитие крови, как диктует Послание к Евреям, 9:22: *«Да и все почти по закону очищается кровью, и без пролития крови не бывает прощения»*. По этой причине в дни Ветхого Завета людям приходилось всякий раз, согрешив, приносить в жертву кровь животных. Однако Иисус пролил Свою драгоценную кровь единожды и за всех, чтобы дать людям прощение и жизнь вечную, потому что Сам Он не имел ни первородного, никакого другого греха.

Подобным образом и мы можем получить вечную жизнь, благодаря драгоценной Крови Иисуса. То есть Иисус умер вместо нас и открыл нам путь стать чадом Божьим.

### Вторая: дать благословение Авраама

Первая часть Послания к Галатам, 3:14, гласит: *«Дабы благословение Авраамово через Христа Иисуса распространилось на язычников»*. Это значит, что Бог дает благословения, обещанные Аврааму, не только израильтянам, но также и всем язычникам, которые, приняв Иисуса как своего Спасителя, объявляются праведными.

Авраам был назван «отцом веры» и другом Бога, был благословлен детьми, здоровьем, долголетием, достатком и т. д. Причина, по которой Авраам был обильно благословлен, указана в Бытии, 22:15-18:

> *«И вторично воззвал к Аврааму Ангел Господень с неба и сказал: Мною клянусь, говорит Господь, что, так как ты сделал сие дело, и не пожалел сына твоего, единственного твоего, то Я благословляя благословлю тебя и умножая умножу семя твое, как звезды небесные и как песок на берегу моря; и овладеет семя твое городами врагов своих; и благословятся в семени твоем все народы земли за то, что ты послушался гласа Моего».*

Авраам послушался, когда Бог сказал ему: *«Пойди из земли твоей, от родства твоего и из дома отца твоего в землю, которую Я укажу тебе»* (Бытие, 12:1). Он также, не жалуясь, безоговорочно послушался, когда Бог сказал: *«Возьми сына твоего, единственного твоего, которого ты любишь, Исаака; и пойди в землю Мориа и там принеси его во всесожжение на одной из гор, о которой Я скажу тебе»* (Бытие, 22:2). Авраам готов был это сделать, потому что верил Богу, Который силен и из мертвых воскресить (Посл. к Евреям, 11:19). Имея такую твердую веру, он был способен стать благословением и отцом веры.

Поэтому чадам Божьим, принявшим Иисуса как своего Спасителя, надлежит иметь веру Авраамову. Вы сможете воздать славу Богу, получив все благословения земные.

### Третья: дать обетование Духа

Вторая часть Послания к Галатам, 3:14 гласит: *«…чтобы нам получить обещанного Духа верою»*. Значит, всякий, верующий, что Иисус умер на деревянном кресте за всех людей, освобождается от проклятия закона и получает обетованного Святого Духа. В дополнение к этому, всякий, принимающий Иисуса как Спасителя, получает власть чада Божьего и как дар и утешение Святого Духа (От Иоанна, 1:12; Посл. к Римлянам, 8:16).

Когда мы принимаем Святого Духа, то можем взывать к Богу: «Авва, Отче!» (Посл. к Римлянам, 8:15), наши имена записаны в Книге жизни на Небесах (От Луки, 10:20) и мы получаем небесное гражданство (Посл. к Филиппийцам, 3:20). Это так, потому что Святой Дух, Который есть

Сердце и Сила Божья, ведет нас к вечной жизни, помогая нам понять Слово Божье и с верой жить по Его Слову.

Однако мы будем спасены не только признанием Иисуса своим Спасителем, но также верой в нашем сердце, что Он разорвал власть смерти и воскрес. Послание к Римлянам, 10:9, привлекает к этому наше внимание: *«Ибо, если устами твоими будешь исповедывать Иисуса Господом и сердцем твоим веровать, что Бог воскресил Его из мертвых, то спасешься».*

До начала времен Бог предусмотрел великий план объединения с теми, кто уверует в Иисуса как Спасителя. План чудесный и таинственный. Людям, в соответствии с законом духовного мира, гласящим, что «возмездие за грех – смерть», надлежало пройти путь смерти из-за греха первого человека. Однако они могли быть освобождены от проклятия закона и спасены по вере по тому же самому закону, так как сатана нарушил закон духовного мира.

Людям надлежало страдать от боли, несчастий и смерти, которые принес дьявол, когда они из-за непослушания стали рабами греха. Однако всякий, принимающий Иисуса как Спасителя и получающий Святого Духа, может обрести спасение, вечную жизнь, воскресение и благословения в избытке.

### Привилегии и благословения, данные чадам Божьим

Кто откроет свое сердце и примет Иисуса Христа, получит прощение и право стать чадом Божьим, обретет мир и радость в сердце. Это стало возможным потому, что однажды Иисус взял на Себя все наши грехи и был распят за них. В Псалме, 102:12 сказано: *«Как далеко восток от запада, так удалил Он от нас беззакония наши»*. Также Послание к Евреям, 10:16-18, гласит: *«"Вот завет, который завещаю им после тех дней, говорит Господь: вложу законы Мои в сердца их, и в мыслях их напишу их, и грехов их и беззаконий их не воспомяну более". А где прощение грехов, там не нужно приношение за них»*.

Нет ничего в мире заслуживающего сравнения с правом детей Божьих, данным им по вере. В этом мире дети царя или президента обладают большими правами. Насколько же больше права детей Бога Творца, управляющего миром, историей человечества и Вселенной?

Если вы лишь утверждаете: «Иисус есть Спаситель», то для Бога это не является признаком вашей истинной веры. Вам следует понять, кто есть Иисус, почему Он – ваш Спаситель, и обрести истинную веру на основе этих знаний. Такая вера даст вам осознание Божьего провидения, сокрытого в кресте, и позволит признать: «Господь есть Христос и Сын Живого Бога». Более того, вы начнете жить по воле Божьей. Не следуя истине, очень трудно обрести истинную веру, исходящую из сердца, и жить по Слову Божьему. Поэтому Иисус сказал нам в Евангелии от Матфея, 7:21: *«Не всякий, говорящий Мне: "Господи! Господи!", войдет в Царство Небесное, но исполняющий волю Отца Моего Небесного»*. Иисус ясно провозгласил, что только говорящие Иисусу: «Господи, Господи» и исполняющие волю и Слово Бога будут спасены.

# Нет другого имени в мире, кроме Иисуса Христа

Четвертая глава Деяний повествует нам о том, как Петр и Иоанн смело свидетельствуют об имени Иисуса Христа перед синедрионом. Они искренне веровали, что нет другого имени, кроме Иисуса Христа, которым надлежит человеку обрести спасение, и Петр, исполнившись Святым Духом, обрел силу и провозгласил следующее: *«Ибо нет другого имени под небом, данного человекам, которым надлежало бы нам спастись»* (ст. 12).

Какой духовный смысл сокрыт в имени «Иисус Христос»? Почему Бог не дал нам никакого иного имени, кроме Иисуса Христа, которым нам надлежало бы спастись?

## Различие между именами «Иисус» и «Иисус Христос»

Деяния святых Апостолов, 16:31, гласят: *«Веруй в Господа Иисуса Христа, и спасешься ты и весь дом твой»*. Причина, по которой в тексте написано «Господь Иисус», а не просто «Иисус», важна.

Здесь, имя «Иисус» относится к человеку, который спасет Свой народ от грехов. Греческое слово «Христос», или «Мессия» по-еврейски, означает «помазанный» (Деяния, 4:27) и говорит о Спасителе, как о Посреднике между Богом и людьми. То есть «Иисус» – имя будущего спасителя, а «Христос» – имя Спасителя, который уже спас людей.

В дни Ветхого Завета от Бога было помазание на человека, которому предстояло стать царем, священником или пророком. Оно совершалось возлиянием масла на голову помазуемого (Левит, 4:3; 1-я кн. Царств, 10:1; 3-я кн. Царств, 19:16). Масло символизировало Святого Духа. Поэтому помазать кого-то значит дать Святой Дух человеку, избранному Богом.

Иисус был помазан как Царь, Первосвященник и Пророк и пришел в этот мир во плоти, чтобы спасти всех людей, в соответствии с провидением Божьим, предопределенным еще до начала времен. Он был распят, чтобы искупить нас, и стал нашим Спасителем, воскреснув на третий день. Соответственно, Он – Спаситель, исполнивший Божье провидение спасения, то есть Он – Христос.

Называя Его именем «Иисус», мы обращаемся к Иисусу до распятия. Однако после распятия и воскресения к Нему следует обращаться «Иисус Христос», «Господь Иисус» или «Господь».

Вам следует знать, что сила «Иисуса» отличается от силы «Иисуса Христа». Его звали Иисусом до того, как Он исполнил провидение спасения, и враг дьявол не очень боится этого имени. В то время как имя «Иисус Христос» подразумевает три следующие вещи: кровь, искупающую нас от грехов; воскресение, разрушившее власть смерти; вечную жизнь. Перед этим именем враг дьявол дрожит от страха.

Многие люди забывают об этом факте, потому что не понимают различия. Однако правда в том, что дела Божьей силы и ответы будут различны в зависимости от того, какое имя вы призываете (Деяния, 3:6).

Когда вы молитесь Богу во имя Господа нашего Иисуса Христа и осознаете это, вы будете вести победоносную жизнь, исполненную скорых и обильных ответов от нашего Всемогущего Бога.

### Полное послушание Иисуса

Хоть Иисус был Богом по самой Своей природе, Он не держался равенства Богу, не заявлял о Своих правах как Бог. Он уничижил Себя; Он занял унизительное положение раба и явился в образе человеческом.

У доброго слуги нет собственной воли. Он трудится по воле своего господина, а не по своей. Его долг повиноваться своему господину независимо от того, соответствует ли это его воле или его чувствам. Иисус повиновался воле Божьей с сердцем доброго раба и таким образом мог совершить Свою миссию человеческого спасения.

Бог превознес Иисуса, повиновавшегося воле Божьей со словами «да» и «аминь», превыше всех и дозволил многим людям исповедать Его Господом.

*«Посему и Бог превознес Его и дал Ему имя выше всякого имени, дабы пред именем Иисуса преклонилось всякое колено небесных, земных и преисподних, и всякий язык исповедал, что Господь Иисус Христос в славу Бога Отца» (Посл. к Филиппийцам, 2:9-11).*

## Имя «Господь Иисус» свидетельствует о Божьей силе

В Евангелии от Иоанна, 1:3, сказано: *«Все чрез Него начало быть, и без Него ничто не начало быть, что начало быть»*. Так как все в мире было сотворено через Иисуса, Он имеет власть управлять всем как Творец. Когда Иисус, сын Бога Творца повелевал, неодушевленные стихии – шторм, волны – повиновались Ему и утихали, а смоковница мгновенно засохла, когда Он проклял ее.

Иисус имел власть прощать грехи и спасать грешников от наказания за них. Так, Иисус сказал расслабленному в Евангелии от Матфея, 9:2: *«Дерзай, чадо! прощаются тебе грехи твои»*, и в стихе 6-м: *«Но чтобы вы знали, что Сын Человеческий имеет власть на земле прощать грехи, - тогда говорит расслабленному: встань, возьми постель твою и иди в дом твой»*.

Кроме того, Иисус имел силу исцелять всякого рода болезни и немощи, воскрешать мертвых. В 11-й главе Евангелия от Иоанна описывается сцена, в которой мертвый Лазарь вышел из гроба, обвитый погребальными пеленами по рукам и ногам, когда Иисус громким голосом воззвал: «Лазарь! иди вон!». Лазарь был мертв четыре дня, и уже чувствовался запах тления, но он вышел из гроба как здоровый человек.

Подобным образом Иисус дает вам просимое с верою, потому что имеет чудесную силу от Бога.

## Иисус Христос, Божья любовь

Как сказано в 1-м послании Иоанна, 4:10: *«В том любовь, что не мы возлюбили Бога, но Он возлюбил нас и послал Сына Своего в умилостивление за грехи наши»*, - Бог показал нам Свою изумительную любовь. Он послал Сына Своего Единородного как искупительную жертву, когда мы были еще грешниками. Богу пришлось претерпеть великую боль, но Он открыл путь спасения человечества, когда Его Сын Иисус был пригвожден к кресту и пролил Свою Кровь. Что чувствовал Бог Любви, когда Ему пришлось увидеть распятие Своего Единственного Сына? Бог не мог смотреть на это, сидя на Своем Престоле. Евангелие от Матфея, 27:51-54, говорит нам, как сильно страдал Бог, когда Иисус был распят:

> *«И вот, завеса в храме раздралась надвое, сверху донизу; и земля потряслась; и камни расселись; и гробы отверзлись; и многие тела усопших святых воскресли и, выйдя из гробов по воскресении Его, вошли во святый град и явились многим. Сотник же и те, которые с ним стерегли Иисуса, видя землетрясение и все бывшее, устрашились весьма и говорили: воистину Он был Сын Божий».*

Это ясно показывает, что Иисус был распят не за Свои собственные грехи, но из-за великой любви Бога, чтобы привести всех людей на путь спасения. Однако множество людей не принимает и не понимает этой изумительной любви Божьей.

После неповиновения Адама люди уже не могли быть с Богом, они стали людьми с греховной природой. Однако Иисус пришел на землю и стал Посредником между Богом и нами, дабы Он мог дать благословения Еммануила всем людям (От Матфея, 1:23). Через боль и страдания Иисуса на кресте мы обрели истинный мир и покой.

Поэтому, я надеюсь, вы понимаете великую любовь Бога, отдавшего Своего Единственного Сына, дабы искупить нас от грехов и вечной смерти, понимаете жертвенную любовь Господа, безвинно распятого вместо нас и открывшего путь спасения.

СЛОВО О КРЕСТЕ

Глава 6

# Провидение Креста

- Рожден в хлеву и положен в ясли
- Иисус жил в нищете
- Бичевание и пролитие Его Крови
- Терновый венец на голове
- Одежды Иисуса и Его хитон
- Его руки и ноги пробили гвоздями
- Голени Иисуса не были перебиты, но бок Его пронзен

СЛОВО О КРЕСТЕ

*«Но Он взял на Себя наши немощи и понес наши болезни; а мы думали, [что] Он был поражаем, наказуем и уничижен Богом. Но Он изъязвлен был за грехи наши и мучим за беззакония наши; наказание мира нашего [было] на Нем, и ранами Его мы исцелились. Все мы блуждали, как овцы, совратились каждый на свою дорогу; и Господь возложил на Него грехи всех нас».*
Исаии, 53:4-6

В Божьем плане обретения истинных детей самой важной частью является то, что Иисус пришел в этот мир во плоти, был подвержен всевозможным страданиям и умер на кресте. Этим Он обеспечил путь к спасению для всего человечества.

Божье провидение креста имеет глубокое духовное значение. Иисус – Единородный Сын Божий, оставив небесные почести, родился в пастушьем хлеву и всю Свою жизнь прожил в нищете.

К тому же, Его бичевали, руки и ноги пробили гвоздями, на голову надели терновый венец. Он пролил кровь и воду, когда копье пронзило Его. В каждом страдании Иисуса заключена всепобеждающая любовь Божья.

Когда вы полностью поймете духовное значение креста и страданий Иисуса, ваше сердце, наверняка, будет тронуто любовью Божьей, а вера ваша станет истинной. Вы обретете вечное Царство Небесное и сможете получить ответы при любых жизненных невзгодах, таких, как нищета и болезни.

## Рожден в хлеву и положен в ясли

Иисус, будучи по Своей природе Богом, был хозяином Неба и земли, и вся слава принадлежала Ему. Тем не менее,

Он пришел в этот мир во плоти, чтобы искупить грехи человечества и привести их к спасению.

Иисус – Единственный Сын Всемогущего Бога Творца. Почему же Он не родился если и не в роскошном, то хотя бы в уютном месте? Не мог ли Бог позволить Ему родиться в великолепном дворце? Почему Ему было угодно, чтобы Иисус родился в хлеву и был положен в ясли?

В этом есть глубокий духовный смысл. Вы должны знать, что рождение Иисуса наполнено восхитительным духовным смыслом. И хотя люди не могли этого видеть, Бог был так глубоко удовлетворен рождеством Иисуса, что спеленал Его огнями славы в присутствии великого сонма духов небесных и ангелов. Ощутить Его великую радость позволяет отрывок из Евангелия от Луки, 2:14, где записано следующее: *«Слава в вышних Богу, и на земле мир, в человеках благоволение»*. Бог также подготовил добрых пастухов и волхвов с Востока и привел их поклониться младенцу Иисусу.

Его восхваляли, Ему поклонялись, потому что с Его приходом в этот мир открывалась дверь спасения, и великому множеству людей предстояло войти в вечные Небеса как детям Божьим, а Иисусу, Сыну Божьему, надлежало стать Царем царей и Господом господствующих.

### Промысел Божий, сокрытый в рождении Иисуса

Когда Иисус родился, кесарь Август издал указ о переписи населения по всей Римской империи. Евреи были под колониальным правлением Рима, и каждому из них, чтобы исполнить повеления кесаря, предстояло прийти для регистрации в свой город.

Иосиф также пошел со своей невестой Марией из города Назарета Галилейского в Вифлеем, город Давидов, потому что принадлежал к дому и роду Давида. Мария была обручена с Иосифом и зачала дитя от Святого Духа до того, как они пошли туда, а родила своего первенца Иисуса во время их пребывания там.

Название «Вифлеем» означает «Дом хлеба», и это был родной город царя Давида (1-я кн. Царств, 16:1). В Книге пророка Михея, 5:2, о Вифлееме говорится следующее: *«И ты, Вифлеем-Ефрафа, мал ли ты между тысячами Иудиными? из тебя произойдет Мне Тот, Который должен быть Владыкою в Израиле и Которого происхождение из начала, от дней вечных».* О Вифлееме было пророчество, как о месте рождения Мессии.

В то время не нашлось для Марии и Иосифа места для ночлега, так как тысячи людей пришли в Вифлеем для регистрации. Поэтому Мария родила младенца в хлеву. Она завернула Его в пеленки и положила в ясли - длинную кормушку для коров и лошадей.

Почему же Иисус, пришедший как Спаситель человечества, родился таким непритязательным и смиренным образом?

### Искупить людей, подобных животным

Книга Екклесиаста, 3:18, гласит: *«Сказал я в сердце своем о сынах человеческих, чтобы испытал их Бог, и чтобы они видели, что они сами по себе - животные».* Люди, утратившие образ Божий, стали подобны животным в глазах Бога. Первочеловек Адам изначально был живым существом, сотворенным по образу Божьему. Он был также человеком духа, потому что Бог учил его только истине.

Однако Адам вкусил плод от дерева познания добра и зла, вопреки Божьей заповеди. Дух его умер, и он более не мог общаться с Богом. Кроме того, он перестал быть господином всего сотворенного. Сатана побудил Адама поддаться своей греховной природе, и чистое и правдивое сердце Адама превратилось в нечистое и лживое.

Вы, возможно, слышали выражение: «Он нисколько не лучше животного». Вы часто слышите в средствах массовой информации о действиях людей, мало отличающихся от животных. Для личной пользы они охотно мошенничают и обманывают соседей, клиентов, друзей и членов семьи. Родители и дети наполнены ненавистью и порой готовы убить друг друга.

Люди осмеливаются на такие злодеяния, потому что душа стала хозяином человека с момента смерти духа, и из-за грехов они утратили Божий образ. Подобно животным, они имеют только тело и душу, а таковые не могут войти на Небеса, не могут назвать Бога «Авва Отче». Иисус родился в хлеву для искупления людей, бывших не лучше животных.

### Иисус – истинная духовная пища

Иисуса положили в ясли, кормушку для лошадей, для того чтобы Он стал истинной духовной пищей для людей, которые ничем не лучше животных (От Иоанна, 6:51).

Иными словами, существовало божественное провидение в том, чтобы привести человека к полному спасению, дав ему возможность восстановить утерянный Божий образ и исполнить долг человека. В чем заключается человеческий долг? В своей книге Екклесиаст, 12:13-14, проливает свет на это:

*«Выслушаем сущность всего: бойся Бога и заповеди Его соблюдай, потому что в этом все для человека; ибо всякое дело Бог приведет на суд, и все тайное, хорошо ли оно, или худо».*

Что означает «бойся Бога»? Притчи, 8:13, говорят нам: *«Страх Господень - ненавидеть зло»*. Следовательно, бояться Бога означает не воспринимать более зла, полность очистить от него свое сердце.

Если мы действительно боимся Бога, нам следует постараться отрешиться от всякого зла, бороться против греха, вплоть до пролития крови. Как студенты, посвящающие себя учебе во имя лучшего будущего, так мы должны старательно воспитывать в себе страх Божий, полностью исполнить человеческий долг, дабы насладиться Божьей любовью и благословениями.

В Библии вы прочтете, что Бог заповедует Своим детям: «делай это, не делай того, храни это, отбрось то». С одной стороны, Бог говорит нам, что дети Божьи должны «молиться, любить, благодарить и многое другое». С другой стороны, Бог приказывает нам не делать того, что ведет к смерти, то есть хранить себя от ненависти, прелюбодеяния и пьянства.

Он также велит нам подчиняться определенным заповедям, например: «святить День Субботний», «соблюдать свои обеты» и т.п. Бог также призывает нас отвергать пагубные вещи: «избегай всякого рода зло», «оставь свою ненависть» и так далее.

Долг человека состоит в том, чтобы иметь страх Божий и исполнять Его заповеди. Бог спросит с нас отчет за каждое наше действие в Судный День, обо всех тайных делах, хорошими они были или плохими. Поэтому если мы живем как животное, не исполняя человеческого долга полностью, то мы, естественно, попадем в ад после Божьего суда.

Иисус родился в хлеву, был положен в ясли для того, чтобы искупить людей, которые не лучше животных, и чтобы стать истинной духовной пищей для них.

## Иисус жил в нищете

Евангелие от Иоанна, 3:35, гласит: *«Отец любит Сына и все дал в руку Его»*. И в Послании к Колоссянам мы читаем, 1:16: *«Ибо Им создано все, что на небесах и что на земле, видимое и невидимое: престолы ли, господства ли, начальства ли, власти ли, - все Им и для Него создано»*. Иными словами, Иисус есть Единственный Сын Бога Творца и Господь всего на Небесах и на земле.

Почему тогда Он явился в этот мир в столь низком и смиренном положении и прожил жизнь в нищете, если Он был Всемогущим Богом и, по всем меркам, был богат?

## Чтобы искупить людей от нищеты

2-е послание к Коринфянам, 8:9, гласит: *«Ибо вы знаете благодать Господа нашего Иисуса Христа, что Он, будучи богат, обнищал ради вас, дабы вы обогатились Его нищетою»*. В этом - проявление провидения дивной любви Божьей. Иисус, будучи Царем царей и Господом господствующих, Единственным Сыном Бога Творца, оставил всю небесную славу, пришел в этот мир и жил в нищете, терпя людское презрение и унижение, ради искупления их из нищеты.

В начале Бог сотворил человека, чтобы тот не трудился в поте лица, а брал и питался плодами, наслаждаясь жизнью и процветая. Однако, после того как первый человек, Адам, ослушался Слова Божьего и согрешил, человеку пришлось есть пищу свою, добытую в поте лица мучительным и тяжким трудом. Поэтому человек часто живет в нужде и нищете.

Нищета, сама по себе, – не грех, поэтому Иисус пролил Свою Кровь не для того, чтобы искупить нас от нищеты. Тем не менее, нищета это и проклятие, проявившееся после неповиновения Богу Адама, поэтому Иисус обогатил нас, живя в нищете.

Некоторые говорят, что нищета Иисуса на протяжении всей Его жизни означает духовную нищету. Однако, поскольку Иисус был зачат через Святого Духа и есть Одно с Богом Отцом, неправильно думать, что Он был духовно нищ.

Следует понимать, что Иисус жил в нищете, чтобы

искупить нас от нищеты, чтобы мы могли иметь жизнь с избытком, воздавая должное Богу за Его любовь и благодать.

Некоторые считают, что неправильно просить денег в молитве. Другие думают, что, если вы христианин, вы должны жить в нищете. Однако Бог абсолютно этого не желает.

В Библии написано много о благословениях. Например, во Второзаконии, 28:2-6, вы можете прочесть:

> *«И придут на тебя все благословения сии, и исполнятся на тебе, если будешь слушать гласа Господа, Бога твоего. Благословен ты в городе, и благословен на поле. Благословен плод чрева твоего, и плод земли твоей, и плод скота твоего, и плод твоих волов, и плод овец твоих. Благословенны житницы твои и кладовые твои. Благословен ты при входе твоем, и благословен ты при выходе твоем».*

3-е послание Иоанна, 1:2, призывает нас: *«Возлюбленный! молюсь, чтобы ты здравствовал и преуспевал во всем, как преуспевает душа твоя».* На самом деле, избранные Богом люди, такие, как Авраам, Исаак, Иаков, Иосиф и Даниил, были весьма преуспевающими людьми.

### Жить богатой жизнью

Бог справедливо дает вам пожать то, что вы посеяли. Как родители хотят дать своим детям только самое лучшее, так и ваш любящий Бог желает дать вам все, о чем попросите с верой (От Марка, 11:24).

Бог желает ответить на молитвы и благословить вас, но вы не сможете ничего получить, если не просите или просите, сомневаясь. Так же, если вы пытаетесь пожать что-то, не посеяв, то насмехаетесь над Богом и идете против духовного закона.

Кто-то может сказать: «Хотел бы сеять, но не могу, потому что я очень беден». Однако Библия упоминает многих людей, которые, несмотря на бедность, делали все, что было в их силах, чтобы сеять, и в награду получали обильные благословения.

В 3-й книге Царств, 17:14, мы узнаем, что на земле три с половиной года был голод. Но, несмотря на отсутствие продуктов, вдова в Сарепте Сидонской из горсти муки в кадке и остатков масла в кувшине - это все, что у нее было, испекла маленький опреснок для пророка Илии. Вдова так угодила Богу своим служением рабу Его, что Он обильно благословил ее: мука в кадке не истощалась, и масло в кувшине не убывало до того дня, когда Господь послал дождь на землю (3-я кн. Царств, 17:14).

Однажды, в присутствии Иисуса, бедная вдова положила в сокровищницу храма две лепты - две очень мелкие монеты, меньше одного цента. Однако Иисус похвалил ее, сказав, что она положила больше всех, потому что все клали от избытка своего только часть того, что имели, а она от скудости своей положила все, что у нее было (От Марка, 12:42-44).

Самое важное – иметь внутреннюю готовность отдать Богу все. Бог не смотрит на количество приношения: он ценит пожертвования как проявление любви, и обильно благословляет вас.

## Бичевание и пролитие Его Крови

Перед распятием Иисуса римские воины насмехались над Ним, с презрением били Его по лицу, плевали на Него, бичевали Его. Бич – это длинные узкие кожаные ремни с кусочками свинца внутри.

В те дни римская армия являлась самой жесткой, дисциплинированной и могущественной в мире. Насколько сильно страдал Иисус от боли, когда они, сорвав с Него одежды, бичевали Его?! С каждым ударом бича по Его телу, разрывалась плоть, обнажались кости и лилась кровь.

Во исполнение пророчества в книге Исаии, 50:6: *«Я предал хребет Мой биющим и ланиты Мои поражающим; лица Моего не закрывал от поруганий и оплевания»*, Иисус даже не пытался избежать побоев.

### Чтобы исцелить немощи и болезни

Ради чего Иисус принял бичевание и пролил Свою кровь? Почему Бог допустил, чтобы такое случилось с Его Сыном? Исаия в своей книге, в 53-й главе, объясняет причину страданий и скорбей Иисуса:

> *«Но Он изъязвлен был за грехи наши и мучим за беззакония наши; наказание мира нашего [было] на*

*Нем, и ранами Его мы исцелились. Все мы блуждали, как овцы, совратились каждый на свою дорогу; и Господь возложил на Него грехи всех нас» (ст. 5-6).*

Иисус был распят и мучим за наши грехи и беззакония. Его наказали, бичевали, и Он пролил Свою кровь, чтобы дать нам мир и освободить вас от всех болезней.

В Евангелии от Матфея, глава 9-я, когда Иисус исцелил расслабленного, лежавшего на постели, Он сначала решил проблему греха, сказав ему: «Прощаются тебе грехи твои». Только после этого Иисус повелел ему: «Встань, возьми постель твою, и иди в дом твой».

После того как Иисус исцелил человека, находящегося в болезни более тридцати восьми лет, Он сказал ему: *«Вот, ты выздоровел; не греши больше, чтобы не случилось с тобою чего хуже»* (От Иоанна, 5:14).

Библия говорит, что причиной всех недомоганий являются наши грехи. Чтобы освободиться от болезней, нам нужен тот, кто может решить проблему наших грехов. Без пролития крови, однако, не может быть прощения (Левит, 17:11).

Поэтому во времена Ветхого Завета, когда кто-то совершал грех, священник, в качестве искупительной жертвы, закалывал животное. Нам, однако, более не требуется приносить в жертву животных, так как Иисус пришел в этот мир и пролил Свою безгрешную, невинную кровь, в которой заключена особая сила. Святая кровь Иисуса искупила человечество от всех его прошлых, настоящих и даже будущих грехов.

## Взял на Себя наши немощи и понес болезни

Евангелие от Матфея, 8:17, гласит: *«Да сбудется реченное через пророка Исаию, который говорит: "Он взял на Себя наши немощи и понес болезни"»*. Если вы знаете, почему Иисуса бичевали и почему Он пролил свою кровь, если вы в это верите, вам не придется страдать от немощей и болезней.

1-е послание Петра, 2:24, гласит: *«Он грехи наши Сам вознес Телом Своим на древо, дабы мы, избавившись от грехов, жили для правды: ранами Его вы исцелились»*. В этом стихе используется прошедшее время, потому что Иисус уже искупил людей от всех грехов.

Но почему же, несмотря на наши утверждения, что верим в то, что Иисус понес все наши немощи и болезни, некоторые из нас все еще страдают от них?

Бог говорит в Исходе, 15:26: *«Если ты будешь слушаться гласа Господа, Бога твоего, и делать угодное пред очами Его, и внимать заповедям Его, и соблюдать все уставы Его, то не наведу на тебя ни одной из болезней, которые навел Я на Египет; ибо Я Господь, целитель твой»*. Это означает, что, если вы делаете то, что правильно в глазах Божьих, никакая болезнь не постигнет вас, потому что Бог оберегает вас своим пламенным взором.

Приведем пример. Когда ребенок приходит домой с плачем, после того как его побил соседский мальчик, реакция и отношение родителей будут зависеть от их веры.

Один родитель скажет: «Почему тебя всегда бьют? Если тебя ударили раз, дай сдачи; удар два, три раза». Другой, возможно, пойдет к соседям и пожалуется на их ребенка. А есть и такие, кто не сделают ни первого, ни второго, но в душе будут сильно раздражаться и возмущаться.

Однако Бог велит вам побеждать зло добром, любить своих врагов, искать мира со всеми: *«А Я говорю вам: не противься злому. Но кто ударит тебя в правую щеку твою, обрати к нему и другую»* (От Матфея, 5:39).

Следовательно, если вы делаете то, что правильно в Его глазах, вам нетрудно исполнять Божьи заповеди и правила. Когда вы непрестанно молитесь, усердны во всем, на вас снизойдет Божья благодать и сила, и вы легко со всем справитесь с помощью Святого Духа.

Если вы оставите грехи, и будете делать то, что правильно в Божьих глазах, болезни вас не коснутся. Но если они и будут, Бог Целитель простит ваши грехи и полностью исцелит вас, если вы попытаетесь обнаружить в себе то, что в вас есть неправильного, с точки зрения Бога, и покаетесь в этом всем своим сердцем.

Но если вы признаете вслух, что Бог – Всемогущ, а при этом полагаетесь на мир, и, столкнувшись с проблемой или болезнью, в первую очередь обращаетесь в больницу, то это только доказывает, что вы по-настоящему не верите во Всемогущего Бога. А это неугодно Ему (2-я кн. Паралипоменон, 16).

## Терновый венец на голове

Венец и мантия, на самом деле, это часть царского

одеяния. Хоть Иисус был Единственным и Единородным Сыном Божьим, Царем царей и Господом господствующих, на Его голову возложили венец из длинных, колючих терний, вместо прекрасной короны из золота, серебра и драгоценностей.

> *«Тогда воины правителя, взявши Иисуса в преторию, собрали на Него весь полк и, раздевши Его, надели на Него багряницу; и, сплетши венец из терна, возложили Ему на голову и дали Ему в правую руку трость; и, становясь пред Ним на колени, насмехались над Ним, говоря: радуйся, Царь Иудейский! и плевали на Него и, взявши трость, били Его по голове» (От Матфея, 27:27-30).*

Римские воины сплели тернии так, чтобы венец был тесен для Иисуса, и крепко натянули его Ему на голову. Шипы впились в Его лоб и голову, и кровь текла по Его лицу. Почему Всемогущий Бог позволил, чтобы на Его Единственного и Единородного Сына возложили терновый венец, чтобы Он страдал от мучительной боли и проливал свою кровь?

**Во-первых, на Иисуса возложили терновый венец для искупления грехов, совершаемых нами в мыслях.**

Когда человек, сотворенный Богом, общался с Ним и подчинялся Его Слову, он не грешил, так как его помыслы соответствовали воле Божьей.

Однако змей, соблазняя его, внушил ему мысли,

пришедшие от сатаны, и вскоре произошло грехопадение. Раньше у первочеловека и мысли не было вкусить плод от дерева познания добра и зла. Поддавшись искушению, он съел плод, потому что он казался подходящим для еды, приятным для глаз, а также желанным, поскольку, съев его, можно было обрести мудрость.

Так же, как сатана подтолкнул Адама и Еву к непослушанию Богу, сегодня он толкает людей на согрешение в мыслях.

В человеческом мозге есть клетки, отвечающие за память. С самого рождения все, что человек видит, слышит и узнает, наряду с его отношением к конкретным событиям, людям и фактам, откладывается в его памяти. Это называется «знанием». То, что мы называем «мыслью», является процессом воспроизведения накопленного знания через работу вашей души.

Люди воспитываются в различной среде. Они видят, слышат и многое узнают, поэтому в памяти откладывается различная информация. К одному и тому же увиденному, услышанному и усвоенному люди будут относиться неодинаково, и это зависит от их чувств в тот или иной момент. Поэтому неизбежно, что у людей формируются различные ценности.

Слово Божье часто не согласуется с нашими знаниями и теориями. Например, вы можете считать, что, для того чтобы возвыситься самому, вам необходимо предпринять определенные шаги, чтобы одержать победу над окружающими. Однако Бог учит нас, что, кто унижает себя, тот будет возвышен (От Матфея, 23:12).

Большинство считает, что ненавидеть врага – естественно,

но Бог говорит нам: «Любите своих врагов» и «Если враг твой голоден, накорми его, если жаждет, напои его».

Божьи мысли – духовные, человеческие – плотские. Сатана дает плотские мысли, искушая отойти от Бога, мешая обрести истинную веру и заставляя ходить мирскими путями, что, в конечном счете, приводит к греху и вечной смерти.

В Евангелии от Матфея, 16:21 и последующих стихах, Иисус говорит, что Он должен будет много пострадать, быть убитым и на третий день воскреснуть. Услышав это, Петр отозвал Его в сторону и начал возражать Ему, говоря: *«Будь милостив к Себе, Господи! да не будет этого с Тобою!»* (ст. 22). Однако Иисус обратился к Петру и с яростью сказал ему: *«Отойди от Меня, сатана! ты Мне соблазн, потому что думаешь не о том, что Божие, но что человеческое»* (ст 23). Когда Иисус сказал: *«Отойди от Меня, сатана!»*, Он не имел в виду, что Петр был сатаной, но что сатана в тот момент действовал через Петра, препятствуя Божьему промыслу.

По воле Божьей Иисус должен был принять крестные муки во имя спасения человечества, но Петр пытался воспрепятствовать этому своими плотскими суждениями.

Апостол Павел пишет во 2-м послании к Коринфянам, 10:3-6, следующее:

> *«Ибо мы, ходя во плоти, не по плоти воинствуем; оружия воинствования нашего не плотские, но сильные Богом на разрушение твердынь: [ими] ниспровергаем замыслы и всякое превозношение, восстающее против познания*

*Божия, и пленяем всякое помышление в послушание Христу, и готовы наказать всякое непослушание, когда ваше послушание исполнится».*

Вам следует избавиться от устоявшихся доводов и рассуждений, идущих вразрез с Царством Божьим. «Возьмите в плен» всякие помышления, покорив их Христу, чтобы жить согласно истине, и тогда вы станете человеком духа.

Вам следует не допускать даже мысли о том, чтобы восстановить свою честь, нанеся в ответ обидчику удар вдвое сильнее, потому что это плотские мысли, противоречащие истине.

Таким образом вам следует избавиться от всех этих грешных мыслей. Для полного разрешения проблемы греха, вам надо, прежде всего, отказаться от похоти плоти, похоти очей и гордости житейской. Именно такие неправедные мысли на руку сатане.

Похоть плоти, что есть возникающие в сознании мысли, являются желаниями, противоречащими Божьей воле. В Послании к Галатам, 5:19-21, перечисляется:

*«Дела плоти известны; они суть: прелюбодеяние, блуд, нечистота, непотребство, идолослужение, волшебство, вражда, ссоры, зависть, гнев, распри, разногласия, (соблазны), ереси, ненависть, убийства, пьянство, бесчинство и тому подобное. Предваряю вас, как*

*и прежде предварял, что поступающие так Царствия Божия не наследуют».*

Само желание сделать то, что Бог не велит делать, является похотью плоти.

Похоть очей означает, что разум человека, находясь под сильным влиянием увиденного и услышанного, толкает его на то, что человек начинает искать исполнения возникших желаний. Когда человек любит мир, ищет похоти очей, то только эти желания кажутся ему самым главным и ничто другое не может принести ему удовлетворения.

Хвастливый ум появляется в человеке, когда им правят радости мира, толкающие его на поиск удовлетворения похоти очей. Это называется гордостью житейской.

Во искупление нас от всякого рода безнравственности, беззакония и зла, на голову Иисуса возложили терновый венец, и Он пролил Свою кровь. Ведь только не запятнанная грехом, невинная кровь Иисуса смогла искупить нас от наших грехов. Терновый венец и пролитая кровь Его стали нашим оправданием за грехи, совершаемые нами в помыслах.

**Во-вторых, Иисус надел терновый венец, чтобы люди смогли носить лучшие венцы на Небесах.**

Другая причина того, что Он надел терновый венец, - дать нам возможность обрести лучшие венцы. Искупив нас от нищеты и обогатив нас тем, что сам Он вел жизнь нищую, Иисус надел терновый венец во имя обретения нами лучших небесных венцов.

На Небесах приготовлены несчетные венцы для детей Божьих. Победителей соревнований награждают золотыми, серебряными или бронзовыми медалями - это зависит от их спортивных достижений. Подобно этому и на Небесах есть различные награды.

Существует венец нетленный, как сказано в 1-ом послании к Коринфянам, 9:25: *«Все подвижники воздерживаются от всего: те для получения венца тленного, а мы – нетленного»*. Нетленный венец приготовлен Богом для Своих детей, прилагающих усилия к тому, чтобы победить свои грехи. Венец славы приготовлен для тех, кто отбрасывает грехи и живет по Слову Божьему, прославляя Его (1-е посл. Петра, 5:4). Венец жизни также приготовлен для тех, кто крепко любит Бога, верен Ему до смерти и, оставив всякого рода зло, становится освященным (Посл. Иакова, 1:12; Откровение, 2:10).

Венец правды дается людям, которые, подобно апостолу Павлу, становятся святыми, отбрасывают все свои грехи и полностью исполняют свою миссию, данную им по воле Божьей (2-е посл. к Тимофею, 4:8).

Также в Откровении, 4:4, написано: *«И вокруг престола двадцать четыре престола; а на престолах видел я сидевших двадцать четыре старца, которые облечены были в белые одежды и имели на головах своих золотые венцы»*. Золотой венец приготовлен для тех, кто достиг уровня старейшины и будет помогать Богу в Новом Иерусалиме.

Здесь, слово «старцы» не означает людей, которых так называют в церквах, а слово это характеризует тех, кого Бог признал старейшинами за святость и верность во всем доме Божьем, и кто имеет неколебимую, золотую веру.

Бог дает различные венцы Своим детям, в зависимости от того, в какой мере они отбросили грехи и выполнили миссию, данную Богом. Чада Божьи будут возвеличены на Небесах и получат лучшие венцы, если не будут стремиться удовлетворять вожделения греховной природы, а вместо этого станут поступать в соответствии со Словом Божьим (Посл. к Римлянам, 13:13-14), будут жить по Духу (Посл. к Галатам, 5:16) и преданно исполнять свои обязанности и миссию!

Подобно тому, Иисус искупил нас от всех грехов, совершенных нами в мыслях, понеся терновый венец и пролив кровь. Сколь же благодарны должны мы быть за то, что Он готовит нам лучшие венцы на Небесах, дабы воздать нам по мере веры и исполнения нами нашей миссии!

Поэтому вы должны осознать, сколь почетно оказаться достойным этих венцов. А раз так, то вам надлежит иметь сердце вашего Господа, оставляя всякого рода зло, хорошо исполняя свое поручение и будучи верными во всем доме Божьем. Надеюсь, вы получите самые лучшие венцы на Небесах.

## Одежды Иисуса и Его хитон

Иисус был в терновом венце, от жестокого бичевания кровь текла по всему телу, Он взошел на Голгофу - на место распятия. Римские воины, распинавшие Иисуса, взяли Его одежды и поделили их на четыре части, а именно, каждому по одной. Хитон они разрывать не стали, а бросили жребий.

*«Воины же, когда распяли Иисуса, взяли одежды Его и разделили на четыре части, каждому воину по части, и хитон; хитон же был не сшитый, [а] весь тканый сверху. Итак сказали друг другу: не станем раздирать его, а бросим о нем жребий, чей будет, - да сбудется реченное в Писании: "разделили ризы Мои между собою и об одежде Моей бросали жребий"» (От Иоанна, 19:23-24).*

Почему Слово Божье так подробно объясняет детали того, что касается одежды и хитона Иисуса? В духовном смысле этого события, здесь можно проследить переплетение с историей Израиля периода после 70-го года от Р.Х.

### С Него сорвали одежды и распяли Его

Как повествует Евангелие от Матфея, 27:22-26, по просьбе израильтян, не признавших Иисуса как Мессию, Понтий Пилат приговорил Иисуса к распятию после того, как над Ним насмеялись, уничижили и всеми способами выказали Ему презрение.

Претерпев поругание, осмеяние и презрение, увенчанный терновым венцом, Он нес крест на Голгофу и там был распят. Пилат приказал воинам поместить у Него над головой письменную формулировку Его обвинения, гласившую: *«СЕЙ ЕСТЬ ИИСУС, ЦАРЬ ИУДЕЙСКИЙ»* (ОТ Матфея, 27:37).

Надпись была сделана на еврейском, латинском и греческом языках. Еврейский язык был традиционным языком иудеев, Богом избранного народа. Латинский был официальным языком Римской империи, самой мощной державы того времени, а греческий был языком, доминирующим в мировой культуре. Таким образом, надпись, сделанная на этих трех языках, символизирует, что весь мир признал Иисуса как действительного Царя иудеев и Царя царей.

Евангелие от Иоанна, 19:21-22, повествует, что многие иудеи протестовали и просили Пилата не писать «Царь Иудейский», но написать «Он говорил: Я Царь Иудейский». Однако Пилат отвечал: «Что я написал, то написал» и оставил надпись без изменения. Это значит, что даже Пилат признал Иисуса Царем иудеев.

А поскольку Пилат признал Иисуса как Царя Иудейского, то, значит, и как Единственного Сына Божьего, Царя царей и Господа господствующих. Тем не менее, на глазах у толпы с Него сорвали одежды и хитон и распяли на кресте. Так Он претерпел сей душераздирающий позор.

Мы живем в этом нечестивом мире, забывая все обязанности человека. И чтобы искупить нас от всякого рода позора, грязи, бесчестия, беззакония и аморальности, Царя царей Иисуса, на глазах у многих людей, обнажили, сорвав одежды и хитон. Если вы понимаете духовное значение этого, то не можете не быть благодарными.

## Разделение одежд Иисуса на четыре части

Римские воины обнажили Иисуса и распяли Его. Они взяли Его одежды и разделили их на четыре части, но о Его хитоне бросили жребий.

Здравый смысл подсказывает, что Его одежды не могли быть красивыми или дорогими. Тогда к чему было солдатам делить их на четыре части?

Знали ли они, предвидели ли, что Иисус будет почитаем как Мессия, и хотели получить хоть какой-то предмет Его облачения, чтобы впоследствии передать потомкам как драгоценную семейную реликвию? Вовсе нет.

Псалом, 21:19, несет пророчество: *«Делят ризы мои между собою, и об одежде моей бросают жребий»*. Бог позволил так поступить римским воинам во исполнение этого стиха (От Иоанна, 19:24).

Какое духовное значение заложено в одежде Иисуса? Зачем они разделили его одежды на четыре части, по одной на каждого? Почему не поделили хитон? Почему Бог дозволил, чтобы эта история была записана?

Поскольку Иисус – Царь Иудейский, одежды Иисуса символизируют государство Израиль, или еврейский народ. После того как римские воины разделили одежду на четыре части, она утратила форму. Это символизирует уничтожение Израиля как государства. Это также означает, что само название «Израиль» останется, как остались разделенные куски одежды. Кроме того, слова, записанные о Его одежде, пророчествовали о том, что еврейский народ будет рассеян по миру в результате уничтожения его как государства.

История Израиля свидетельствует об исполнении этого пророчества.

Через сорок лет после смерти Иисуса на кресте римский генерал Тит уничтожил Иерусалим. Храм Божий был полностью разрушен: от него не осталось камня на камне. С того времени как государство Израиль прекратило свое существование, евреи были рассеяны по всему миру, их преследовали и уничтожали. Это объясняет, почему евреи разбросаны по миру и по сегодняшний день.

Евангелие от Матфея, 27:23, описывает страшную сцену, в которой Пилат спрашивает нечестивую толпу, какое зло сделал Иисус? Но они еще сильнее кричали: «Да будет распят». В этот момент Пилат взял воду и умыл руки, чтобы показать, что он не несет ответственности за смерть невинного Иисуса, говоря: *«Невиновен я в крови Праведника Сего; смотрите вы»*. Тогда толпа ответила, что *«кровь Его на нас и на детях наших»* (ст. 23-24).

Следует признать, что история Израиля ясно показывает, что многие евреи и их потомки пролили кровь как бы во исполнение того требования, которое они предъявили Понтию Пилату. Через четыре десятилетия после смерти Иисуса были уничтожены 1,1 миллиона евреев. Более того, во время Второй мировой войны нацистская Германия уничтожила более шести миллионов евреев. Фильм «Список Шиндлера» содержит трагические сцены, в которых показано, как убивают обнаженных евреев: мужчин, женщин, стариков и детей. Даже на преступников перед казнью надевают чистую одежду, но евреев перед убийством раздевали догола.

Еврейский народ не признал Иисуса Мессией, с Него сорвали всю одежду и распяли Его. Они выкрикивали: «Кровь Его на нас и на детях наших», и ужасные страдания обрушились на народ Израиля на многие века.

## «Не сшитый» хитон Иисуса

В Евангелии от Иоанна, 19:23, так описывается хитон Иисуса: «*...хитон же был не сшитый, [а] весь тканый сверху*». Здесь, «не сшитый» означает, что хитон состоял не из отдельно сшитых вместе деталей. Большинству людей мало интересно, как сшита их одежда, связана она сверху донизу или снизу вверх. Почему Библия подробно описывает хитон Иисуса?

Библия говорит нам, что праотец всего человечества – Адам, праотец веры – Авраам, а праотец Израиля – Иаков. Бог учит, что праотцом Израиля является не Авраам, но Иаков, потому что двенадцать сыновей Иакова стали родоначальниками двенадцати колен Израиля. Основателем Израильского государства является Иаков, хотя праотец веры – Авраам.

Бог благословил Иакова в Бытии, 35:10-11, так:

> «И сказал ему Бог: имя твое Иаков; отныне ты не будешь называться Иаковом, но будет имя тебе: Израиль. И нарек ему имя: Израиль. И сказал ему Бог: Я Бог Всемогущий; плодись и умножайся; народ и множество народов будет от тебя, и цари произойдут из чресл твоих».

Согласно Божьему Слову, в этих стихах двенадцать сынов Иакова сформировали костяк Израиля, и Израиль был единой страной, пока не разделился в дни правления царя Ровоама на два царства: Израиль - на севере и Иудею - на юге.

Позднее произошло смешение Израиля, Северного царства, с язычниками, но Иудея оставалась единой. Сегодня народ Иудеи называют евреями. Факт того, что хитон Иисуса был «не сшитым» сверху донизу, означает, что государство Израиль, как потомки Иакова, до сего дня сохранили единство и идентичность.

### Бросали жребий о хитоне Иисуса, чтобы не рвать его

Здесь, хитон символизирует сердце народа. Иисус – царь Израиля, поэтому Его хитон несет символ сердца еврейского народа.

Израильтяне, как народ Божий, избранный через их праотца веры Авраама, превыше всего поклонялись истинному Богу. То, что они не разделили хитон, говорит о том, что дух Израильского народа, поклонявшегося Богу, хорошо сохранился и не распался на части, невзирая на то, что государство, или правительство Израиля порой уничтожались.

На самом деле, в Библии дано пророчество о том, что язычники не смогут искоренить дух израильтян, глубоко живущий в их сердцах. Иными словами, отношение их сердец к Богу всегда было неколебимым, несмотря на то, что Израильское государство было уничтожено язычниками. Поскольку сердце народа было неизменным, Бог избрал израильтян Своим народом, и использовал их для основания Своего царства и праведности.

И сегодня израильтяне стараются подчиняться Закону с преданным сердцем. Это потому, что они потомки Иакова, который сам имел верное сердце. Израильтяне удивили весь мир, обретя независимость 14 мая 1948 года, после долгого периода потери своей государственности. После этого они быстро развивались как одна из самых продвинутых и влиятельных стран и вновь продемонстрировали национальный дух и превосходство.

Как римские воины не могли разделить нательное белье Иисуса, которое было без швов, тканное сверху донизу, язычники не могут сокрушить дух израильтян, поклоняющихся Богу. В конце концов, израильтяне как потомки Иакова основали независимое государство и исполнили волю Божью как Его избранный народ.

## Израиль в конце времен, предсказанных в Библии

Поскольку Бог предсказал историю Израиля через повествование об одежде и нательном белье Иисуса, Он также дал нам понять о последних днях мира. Книга пророка Иезекииля, 38:8-9, гласит:

> «После многих дней ты понадобишься; в последние годы ты придешь в землю, избавленную от меча, собранную из многих народов, на горы Израилевы, которые были в постоянном запустении, но теперь

*жители ее будут возвращены из народов, и все они будут жить безопасно. И поднимешься, как буря, пойдешь, как туча, чтобы покрыть землю, - ты и все полчища твои и многие народы с тобою».*

Слова «После многих дней» означают период времени от рождения Иисуса до его Второго пришествия, а слова «последние годы» говорят о годах, предшествующих приближающемуся Второму пришествию Иисуса. «Горы Израилевы» указывают на Иерусалим, который расположен на высоте около 760 метров над уровнем моря. Таким образом, слова о том, что в грядущие годы многие люди соберутся из многих народов, предсказывают, что израильтяне вернутся в свою землю со всего света тогда, когда приблизится возвращение Иисуса.

Это предсказание осуществилось, когда Израиль был разрушен Римской империей в 70 году, а в 1948 году обрел свою независимость. Израиль был в запустении до тех пор, пока не обрел независимость, но после этого быстро рос и превратился в одну из наиболее развитых стран мира.

Новый Завет также пророчествует независимость Израиля. Иисус в Евангелии от Матфея, 24:32-34, говорит следующее:

*«От смоковницы возьмите подобие: когда ветви ее становятся уже мягки и пускают листья, то знаете, что близко лето; так, когда вы увидите все сие, знайте, что близко, при дверях. Истинно говорю вам: не прейдет род сей, как все сие будет».*

Это ответ Иисуса на вопрос учеников о знамении Его Второго пришествия и конце века.

Смоковница в этих стихах указывает на Израиль. Когда листья деревьев опадают и дует холодный ветер, вы знаете, что приближается зима. Подобным образом, когда веточки смоковницы становятся мягкими и появляются первые листочки, вы знаете, что лето близко. Этой притчей Иисус объясняет, что, когда Израиль восстановится после долгого периода запустения, то есть когда израильтяне обретут независимость, Второе пришествие Иисуса будет очень близко.

Вам не известно, как долго продлится «род сей», про который говорит Иисус в этом стихе, но вы точно знаете, что то, что Он сказал, обязательно исполнится. Вы уже стали свидетелями обретения независимости Израилем, поэтому довольно легко вычислить, что Второе пришествие Иисуса очень близко.

### Знамения конца века сего

В главе 24-й Евангелия от Матфея ученики спросили Его о знамениях конца века сего, и Иисус объяснил им подробно. Однако Он не сказал им точного часа и дня: *«О дне же том и часе никто не знает, ни Ангелы небесные, а только Отец Мой один»* (ст. 36).

Это только означает, что Он как Сын Человеческий, пришедший во плоти в этот мир, не знал точного времени и даты. Это не означает, что Иисус, будучи одной из Личностей Троицы, не знал этого после распятия, воскресения и вознесения на Небеса.

Говоря многое о знамениях конца века, Иисус предупредил нас: *«И, по причине умножения беззакония, во многих охладеет любовь; претерпевший же до конца спасется»* (От Матфея, 24:12-13).

Сегодня вы можете ясно почувствовать, что пороки умножаются, а любовь охладевает. Добросердечность – редкость сегодня. Иисус сказал в Евангелии от Матфея, 24:14: *«И проповедано будет сие Евангелие Царствия по всей вселенной, во свидетельство всем народам; и тогда придет конец»*. Евангелие уже было проповедано во всех уголках земли.

Более того, мы живем в «глобальной деревне», когда каждый уголок мира доступен либо при помощи транспорта, либо средствами коммуникации. Этот феномен был предсказан в Книге пророка Даниила, 12:4: *«А ты, Даниил, сокрой слова сии и запечатай книгу сию до последнего времени; многие прочитают ее, и умножится ведение»*. Евангелие быстро разнеслось по всему миру в этой среде.

Правда, что, даже если Евангелие и было проповедано всему миру, все равно есть такие, кто не принял Иисуса, потому что сердца их закрыты. Или могут быть какие-то отдаленные места, где семя Евангелия еще не посеяно.

Пророчества Ветхого Завета исполнились все, так же, как и большинство пророчеств в Новом Завете. Все Писание вдохновлено Духом Святым. Поэтому Слово Божье истинно и безошибочно. Ни малейшая буква или строка в Его Слове не изменятся. Бог исполнил Свое слово и обетования, и только малая часть остается неисполненной, включая Второе пришествие нашего Господа Иисуса Христа, Семь лет Великой Скорби, Тысячелетнее Царство и Великий Суд Белого Престола.

## Его руки и ноги пробили гвоздями

Распятие было одним из самых жестоких способов казни для убийц и предателей. Руки распятого растягивали на деревянном кресте. Его руки и ноги прибивали гвоздями к кресту. Он долгое время висел, прежде чем наступала смерть. Таким образом, распятому приходилось страдать от чудовищной боли до последнего дыхания.

Иисус, Сын Божий, творил в этом мире только добро, был непорочен и безвинен. Тогда почему Иисуса пригвоздили к кресту и Он проливал Свою кровь?

### Боль от пронзенных рук и ног

Иисуса приговорили к смерти на кресте и привели на место казни на Голгофе. У одного римского воина в руках был большой железный гвоздь, другой держал молоток, и по команде центуриона они начали прибивать Его руки и ноги. Потом они подняли крест. Можете ли вы представить, как это было больно?

Невинный Иисус должен был страдать от боли, когда огромные гвозди забивались в Его тело, и когда Его тело провисло под собственной тяжестью, а пробитая гвоздями плоть рвалась.

Когда казненного обезглавливают, боль прекращается в мгновение. Однако смерть на кресте была такой мучительной, потому что человек висел, истекая кровью до изнеможения, пока не наступит смерть.

Кроме того, в солнечный день в пустыне было много различных насекомых, которые летали вокруг Его истязаемого тела, высасывая кровь из ран на руках и ногах. К тому же, злые люди показывали на Него пальцами, плевались, проклинали и осыпали оскорблениями. Некоторые просто издевались над Ним, говоря: *«Разрушающий храм и в три дня Созидающий! спаси Себя Самого; если Ты Сын Божий, сойди с креста»* (От Матфея, 27:40).

Невыносимая боль сопровождала Иисуса во время распятия. Однако Иисус очень хорошо знал, что, умирая на кресте за грехи и проклятия, которые Он взял на Себя, Он искупает грехи людей и обращает их в детей Божьих. Его настоящая боль была в другом. Были все еще люди, которые не знали провидения Божьего или не обрели спасения из-за своей порочности. Это вызывало в Нем сильнейшую боль.

### Грехи, совершенные руками и ногами

Как только в сердце зародилась греховная мысль, она подталкивает руки и ноги к совершению греха. Поскольку духовный закон гласит, что возмездие за грех – смерть, если вы грешите, вы должны оказаться в аду и страдать там вечно.

По этой причине Иисус сказал: *«И если нога твоя*

*соблазняет тебя, отсеки ее: лучше тебе войти в жизнь хромому, нежели с двумя ногами быть вввержену в геенну, в огонь неугасимый, где червь их не умирает, и огонь не угасает. И если глаз твой соблазняет тебя, вырви его: лучше тебе с одним глазом войти в Царствие Божие, нежели с двумя глазами быть вввержену в геенну огненную»* (От Марка, 9:45-47).

Сколько раз с рождения вы совершали грехи собственными руками и ногами? Кто-то в гневе распускает руки. Кто-то ворует, а кто-то проматывает все свое имущество в азартных играх. Люди перестают управлять своими ногами и идут куда не следует, куда ноги несут. Поэтому, если ноги ваши толкают вас на грех, лучше отрубить их и попасть на Небеса, чем быть брошенным в геенну с обеими ногами.

А сколько грехов вы совершили своими глазами? Вас снедают жадность и прелюбодеяние, когда вы видите то, чего вам не следует видеть. Поэтому Иисус сказал, что если глаз соблазняет тебя ко греху, то лучше вырвать его и войти на Небеса, чем быть брошенным в ад после совершения ими преступления.

Во времена Ветхого Завета, если человек совершал грех глазом, его выкалывали; если грех совершался рукой или ногой, то их отрубали; совершившего убийство или прелюбодеяние забивали камнями до смерти (Второзаконие, 19:19-21).

Если бы Иисус Христос не пострадал на кресте, то и сегодня детям Божьим надо было отрубать себе руки и ноги, если ими были совершены грехи. Но Иисус принял крест,

Его руки и ноги пробили гвоздями, и Он пролил Свою кровь. Этим Он смыл грехи, совершенные нашими руками и ногами, и нам уже более не надо страдать или платить за свои собственные грехи. Как велика Его любовь!

Помните, что Он очищает нас от всякого греха, если мы ходим во Свете, подобно Ему, и если исповедуем все свои грехи, обратившись к Нему (1-е посл. Иоанна, 1:7).

Следовательно, чтобы вести победоносную жизнь с благодарным и милосердным сердцем, всегда обращенным к Богу, очень важно наполнять свое сердце истиной.

## Голени Иисуса не были перебиты, но бок Его пронзен

Иисус умер в пятницу. На следующий день была Суббота, которую соблюдали евреи, и они не желали оставлять тела висеть на крестах в святой для них день.

Читая Евангелие от Иоанна, 19:31, мы видим, что евреи попросили Понтия Пилата перебить у казненных голени и снять тела.

С разрешения Понтия Пилата, воины перебили ноги разбойникам, бывшим распятыми по обеим сторонам от Иисуса, но Иисусу голени они не перебили, потому что Он уже был мертв. В те дни распятые считались проклятыми, поэтому воины перебивали им голени. Следовательно, есть божественное провидение в том, что они не перебили голени Иисусу.

## Почему голени Иисуса не были перебиты?

Безгрешный Иисус был проклят и висел на кресте во искупление людей от проклятия закона. Сатана не мог перебить голени Иисуса не потому, что Иисус умер не за свои грехи, а потому что таково было провидение Божье.

Кроме того, Бог защитил Иисуса от того, чтобы Ему сломали голени во исполнение слов Псалма, 33:21: *«Он хранит все кости его; ни одна из них не сокрушится».*

В Числах, 9:12, Бог говорит израильтянам не ломать костей агнца, когда они вкушают его. То же Он говорит в Исходе, 12:46: израильтяне, вкушая мясо ягненка, не должны ломать его костей.

«Агнец» относится к Иисусу, невинному и безгрешному, из любви к нам принесшему Себя в жертву для искупления грехов всего человечества. Согласно Писанию, где в Исходе, 12:46, сказано: *«В одном доме должно есть ее, не выносите мяса вон из дома и костей ее не сокрушайте»*, и ни одна из костей Иисуса не была сломана.

## Его бок был пронзен копьем

Евангелие от Иоанна, 19:32-34, рисует перед нашими глазами страшную сцену:

> *«Итак пришли воины, и у первого перебили голени, и у другого, распятого с Ним; но, пришедши к Иисусу, как увидели Его уже умершим, не перебили у Него голеней, но один из воинов копьем пронзил Ему*

*ребра, и тотчас истекла кровь и вода».*

Хоть воин уже понял, что Иисус умер, зачем он все-таки пронзил копьем бок Иисуса, вызвав внезапное истечение крови и воды? Это иллюстрирует порочность людскую.

Являясь Богом, Иисус не требовал Своих прав как Бог, Он уничижил Себя; Он занял унизительное положение раба и проявился в облике человека. Он послушно смирился даже со смертью на кресте, достойной разбойника. Этим Иисус открыл нам дверь спасения (Посл. к Филиппийцам, 2:6-8).

В течение своей жизни в этом мире Иисус давал свободу узникам, нищих делал богатыми, исцелял больных и слабых. Ему не хватало времени на еду или сон, Он отдавал силы провозглашению Слова Божьего, дабы спасти как можно больше душ. Он поднимался на гору для молитвы тогда, когда Его ученики отдыхали.

Многие евреи с презрением гнали Его, хотя Он делал только добро. В конце концов они распяли Его на кресте из-за собственной нечестивости. Более того, несмотря на то, что римскому воину было известно, что Он умер, он пронзил Его бок копьем. Это говорит нам, что люди преумножали свои грехи.

Бог показал нам Свою невероятную любовь, послав Своего Единственного Сына Иисуса Христа, позволил Ему быть распятым на кресте, чтобы искупить нас от грехов, несмотря на порочность человечества.

## Кровь и вода пролились из Его бока

Как уже было сказано, римский воин, от злобности своей, пронзил бок Иисуса копьем, несмотря на то, что он уже понял, что Иисус умер. Когда воин пронзил Его бок, из тела Иисуса пролилась кровь и вода. Этот эпизод содержит три значения.

**Во-первых, он показывает, что Иисус пришел во плоти, как Сын Человеческий.**

Евангелие от Иоанна, 1:14, гласит: *«И Слово стало плотию, и обитало с нами, полное благодати и истины; и мы видели славу Его, славу, как единородного от Отца»*. Бог пришел в этот мир во плоти, и это был Иисус.

Грешники не могут видеть Бога, потому что они погибнут, увидев Его. Поскольку Бог не может появиться перед ними, в мир пришел Иисус во плоти и явил многие доказательства, ведущие нас к тому, чтобы уверовать в Бога.

Библия говорит нам, что Иисус был человеком точно таким же, как мы. Евангелие от Марка, 3:20, гласит: *«Приходят в дом; и опять сходится народ, так что им невозможно было и хлеба есть»*. Евангелие от Матфея, 8:24, гласит: *«И вот, сделалось великое волнение на море, так что лодка покрывалась волнами; а Он спал»*.

Некоторые удивляются, как мог Иисус, Сын Божий, ощущать голод или боль. Однако поскольку Иисус был во плоти, состоящей из костей и мышц, Ему были необходимы пища и сон. Как и мы, Он страдал от боли.

То, что из Его бока излились кровь и вода, когда Его

пронзили копьем, дает нам убедительное доказательство того, что Иисус пришел в этот мир во плоти, хотя Он – Сын Божий.

Во-вторых, это еще одно доказательство того, что можно стать причастным божественной природе, будучи во плоти.

Бог желает, чтобы Его дети были святыми и совершенными, как и Он. Он говорит: *«Будьте святы, потому что Я свят»* (1-е посл. Петра, 1:16), и *«будьте совершенны, как совершен Отец ваш Небесный»* (От Матфея, 5:48). Он также призывает нас, говоря: *«…которыми дарованы нам великие и драгоценные обетования, дабы вы через них соделались причастниками Божеского естества, удалившись от [господствующего] в мире растления похотью»* (2-е посл. Петра, 1:4) и *«Ибо в вас должны быть те же чувствования, какие и во Христе Иисусе»* (Посл. к Филиппийцам, 2:5)

Иисус пришел в мир во плоти, стал рабом согласно воле Божьей и в полной мере исполнил Свое предназначение. Он также исполнил закон, преодолев испытания и трудности, живя по Слову Божьему.

Хоть Он был таким же человеком, как мы, Он добровольно принял всю боль, исполняя волю Бога с терпением и целомудрием, принес Себя в жертву с любовью и умер на кресте, не сопротивляясь и не жалуясь.

Как же нам стать частью божественного естества с сердцем Христа Иисуса?

Чтобы стать частью божественной природы и иметь

такие же чувства, как Иисус, вы должны распять свою греховную природу, состоящую из страстей и желаний, обрести духовную любовь и горячо молиться.

С одной стороны, плотская любовь – корыстна, и она со временем охладевает. Имея такую любовь, люди предают друг друга или мучаются, когда они не находят согласия.

С другой стороны Бог желает, чтобы вы обладали любовью, которая терпелива, добра и не эгоистична. Такая духовная любовь никогда не изменяется и, день ото дня, расцветает. Вы можете относиться ко всему так же, как Иисус, настолько, насколько вы обладаете духовной любовью и насколько вы отбрасываете в ревностных молитвах всякого рода зло.

Подобно этому каждый сможет получить Божью благодать и силу, если ищет Его помощи в посте и искренней молитве. Бог также содействует ему в том, чтобы отбросить всякого рода зло. Вы будете сиять как солнце в Небесном Царстве, если обретете духовную любовь, принесете девять плодов Святого Духа (Посл. к Галатам, 5) и полностью проявите в своем характере Заповеди блаженства (От Матфея, 5).

**В-третьих**, пролитые Иисусом кровь и вода имеют силу для приведения нас к истинной и вечной жизни.

Кровь и вода Иисуса были невинны и безгрешны, ибо в Нем не было первородного греха и Он не совершил ничего порочного. В духовном смысле, это та кровь и та вода, которые могут дать воскресение. Поскольку Он пролил Свою святую кровь, наши грехи очищены, и мы можем обрести истинную жизнь, ведущую к спасению, воскресению и вечной жизни.

Вода, истекшая из тела Иисуса, символизирует вечную воду, Слово Божье. Вы можете наполниться истиной и стать истинным чадом Божьим в той степени, в какой понимаете Его Слово и отбрасываете свои грехи, исполняя его.

Безгрешный и невинный Иисус отдал все, вплоть до пролития крови и воды, чтобы дать нам истинную жизнь, хотя мы были не лучше животных.

Я надеюсь, вы понимаете, что вы спасены, ничем не заплатив за это, и отвергнете грехи, искренне молясь с верой, чтобы вести плодотворную жизнь во Христе Иисусе.

## Глава 7

# Последние семь слов Иисуса на кресте

- «Отче! прости им»
- «Ныне же будешь со Мной в раю»
- «Жено! се, сын Твой... се, Матерь твоя!»
- *«Элои! Элои! ламма савахфани?»*
- «Жажду»
- «Совершилось!»
- «Отче! в руки Твои предаю дух Мой»

СЛОВО О КРЕСТЕ

*«Иисус же говорил: Отче! прости им, ибо не знают, что делают...» (ст. 34).*
*«Другой же, напротив, унимал его и говорил: или ты не боишься Бога, когда и сам осужден на то же? и мы [осуждены] справедливо, потому что достойное по делам нашим приняли; а Он ничего худого не сделал. И сказал Иисусу: помяни меня, Господи, когда приидешь в Царствие Твое! И сказал ему Иисус: истинно говорю тебе, ныне же будешь со Мною в раю. Было же около шестого часа дня, и сделалась тьма по всей земле до часа девятого: и померкло солнце, и завеса в храме раздралась по средине. Иисус, возгласив громким голосом, сказал: Отче! в руки Твои предаю дух Мой. И сие сказав, испустил дух» (ст. 40-46).*
Евангелие от Луки, глава 23-я

Большинство людей на смертном одре вспоминают всю свою жизнь. Они делятся своими последними словами с родственниками и друзьями.

Таким же образом Иисус, став Плотью, пришел в этот мир по Божьему провидению и произнес семь слов на кресте, перед Своим последним вздохом. Эти слова называются «последними семью словами Иисуса на кресте».

Давайте рассмотрим духовный смысл этих последних семи слов Иисуса на кресте.

## «Отче! прости им»

Автор Послания к Филиппийцам так описывает Иисуса:

*«Ибо в вас должны быть те же чувствования, какие и во Христе Иисусе: Он, будучи образом Божиим, не почитал хищением быть равным Богу; но уничижил Себя Самого, приняв образ раба, сделавшись подобным человекам и по виду став как человек; смирил Себя, быв послушным даже до смерти, и смерти крестной» (Посл. к Филиппийцам, 2:5-8).*

Иисус принял распятие на кресте, чтобы показать Свою любовь и послушание Богу ради открытия врат спасения для грешников. Люди стояли у креста и насмехались вместе со своими начальниками: *«Других спасал, пусть спасет Себя Самого, если Он Христос, избранный Божий»* (От Луки, 23:35).

Воины также насмехались над Ним, подносили Ему уксус и говорили: *«Если Ты Царь Иудейский, спаси Себя Самого»* (ст. 37). Один из распятых разбойников злословил, говоря Ему: *«Если Ты Христос, спаси Себя и нас»* (ст. 39).

> *«И когда пришли на место, называемое Лобное, там распяли Его и злодеев, одного по правую, а другого по левую сторону. Иисус же говорил: Отче! прости им, ибо не знают, что делают. И делили одежды Его, бросая жребий»* (От Луки, 23:33-34).

Иисус на последнем издыхании молил Бога об их прощении: «Отче! прости им, ибо не знают, что делают». Иисус молил Отца о милости и прощении людей, не ведавших, что Он есть Сын Божий, распятый ради искупления их грехов. Вероятно, они даже не осознавали, что творимое ими было грехом. Таково Его первое слово, произнесенное на кресте.

### Иисус молится с любовью о распинающих Его

Иисус, Сын Божий, молился за тех, кто распинал Его, несмотря на то, что не имел ни изъяна, ни порока. Сколь глубока и велика Его любовь! Иисус мог с легкостью сойти с креста и избежать Своего распятия, ведь Он Един со Всемогущим Богом и наделен силами Бога Отца. Однако Он был распят ради исполнения плана спасения согласно Божьей воле. Поэтому Он смог принять все страдания и позор и с отчаянной любовью молился о прощении Своих палачей.

Иисус искренне молился: «Отче! прости им, ибо они не знают, что делают». Здесь, «они» – это не только те, кто непосредственно распинал и глумился над Ним, но и все люди, которые не приняли Иисуса Христа и продолжают жить во тьме. Подобно людям, распявшим Иисуса, Сына Божьего, многие в этом мире продолжают грешить, потому что не знают Иисуса Христа и истины.

Наш враг дьявол принадлежит тьме и ненавидит свет; поэтому он распял Иисуса, который есть истинный Свет. Сегодня дьявол повелевает людьми, которые принадлежат тьме, и заставляет их преследовать тех, кто ходит в Свете.

Каково ваше отношение к гонителям, не ведающим истины?

Иисус учит нас, что Божья воля заключается в таком отношении христиан к гонителям, которое соответствовало бы первому слову, произнесенному на кресте. В Евангелии от Матфея, 5:44, сказано: *«А Я говорю вам: любите врагов ваших, благословляйте проклинающих вас, благотворите ненавидящим вас и молитесь за обижающих вас и гонящих вас»*. Итак, мы обязаны молиться за всех своих гонителей, говоря: «Отче, прости их. Они не ведают, что творят. Благослови их, пусть они обретут Господа, и мы встретимся опять на Небе».

## «Ныне же будешь со Мной в раю»

Два разбойника были распяты вместе с Иисусом на Голгофе, называемой Лобным местом (От Луки, 23:33).
Один из них оскорблял Его, тогда как другой унимал его, покаялся и принял Иисуса как своего личного Спасителя. Тогда Иисус обещал ему, что он будет с Ним в раю. Таково второе слово распятого Иисуса.

> *«Один из повешенных злодеев злословил Его и говорил: если Ты Христос, спаси Себя и нас. Другой же, напротив, унимал его и говорил: или ты не боишься Бога, когда и сам осужден на то же? и мы [осуждены] справедливо, потому что достойное по делам нашим приняли; а Он ничего худого не сделал. И сказал Иисусу: помяни меня, Господи, когда приидешь в Царствие Твое! И сказал ему Иисус: истинно говорю тебе, ныне же будешь со Мною в раю» (От Луки, 23:39-43).*

Иисус утверждал, что является Мессией, способным простить покаявшихся грешников и спасающим их по Своему второму слову на кресте.

Слова двух злодеев по-разному записаны в Евангелиях. У Матфея, 27:44, сказано: *«Также и разбойники, распятые с Ним, поносили Его»*. У Марка, 15:32, говорится: *«Христос,*

*Царь Израилев, пусть сойдет теперь с креста, чтобы мы видели, и уверуем. И распятые с Ним поносили Его».* То есть из этих двух Евангелий следует, что оба разбойника оскорбляли Иисуса.

Однако у Луки, в главе 23-й, можно прочесть, что один разбойник унимал другого, покаялся, принял Иисуса Христа и был спасен. Дело вовсе не в том, что Евангелия противоречат друг другу. Напротив, по Своему провидению Бог дозволил евангелистам описать одно и то же событие по-разному. В Библии Божье провидение и исторические элементы тесно переплетены. Если бы все было записано до малейшей детали, то не хватило бы и тысячи Библий.

Сегодня достаточно сделать видеозапись, и вы сможете воспроизвести ее позже, но во времена Иисуса не было такой аппаратуры, и даже важнейшие события нельзя было досконально запечатлеть. Можно было положиться только на письменное свидетельство. Благодаря незначительным различиям, та или иная ситуация в таких свидетельствах предстает с более яркой реалистичностью.

### Лучшее понимание распятия Иисуса

Когда Иисус возвещал Евангелие, за Ним следовали огромные толпы людей. Кто-то желал послушать Его проповедь, кто-то – увидеть чудеса и небесные знамения, иные желали хлеба, а четвертые – продать свое имущество и последовать за Иисусом.

У Луки, в 9-й главе, описано, как Иисус взял пять хлебов и две рыбы и благословил их. Число людей, которые насытились ими, было около пяти тысяч (От Луки, 9:12-17). Представьте себе, какая толпа любящих и ненавидящих Иисуса, да и просто зевак, собралась на месте Его распятия. Народ обступил крест, и солдаты отталкивали их своими копьями и щитами. Представьте себе крик людей, плотно окруживших крест, на котором висел Иисус. Толпа поносила Его. Даже один из двух распятых разбойников оскорблял Его.

Кто мог услышать реплику первого разбойника? В общем гвалте лишь люди, которые находились ближе всего к Иисусу, могли расслышать Его слова. Второй разбойник произнес что-то в адрес Иисуса, но лицо его было искажено. На самом же деле этот разбойник унимал того злодея, который оскорблял Иисуса. Однако стоявшие поодаль люди могли с легкостью предположить, что покаявшийся злодей поносил Иисуса, находившегося посередине.

С одной стороны, евангелисты Матфей и Марк, которые среди всеобщего шума не могли услышать покаяние разбойника, были абсолютно уверены, что он вместе со всеми хулил Иисуса. Поэтому-то они и написали, что оба преступника поносили Его.

С другой стороны, евангелист Лука точно слышал, что один из разбойников произносил не оскорбления, а слова покаяния. Разные евангелисты находились в разных местах, поэтому описали события по-разному.

Всезнающий Бог дозволил им составить различные описания, чтобы последующие поколения смогли более ясно представлять себе царившую тогда атмосферу.

## Небесная обитель покаявшегося разбойника

Иисус обещал покаявшемуся перед смертью разбойнику, что тот «ныне же будет в раю» с Ним. Это несет духовное значение.

Небеса, Божье Царство, невообразимо обширны. Даже Иисус сказал нам в Евангелии от Иоанна, 14:2: *«В доме Отца Моего обителей много; а если бы не так, Я сказал бы вам: "Я иду приготовить место вам"»*. Псалмопевец призывает нас: *«Хвалите Его, небеса небес и воды, которые превыше небес»* (Псалом, 148:4). Неемия в своей книге, 9:6, прославляет Бога, Который создал небо и Небеса небес. 2-е послание к Коринфянам, 12:2, говорит о человеке *«во Христе, который назад тому четырнадцать лет (в теле ли – не знаю, вне ли тела – не знаю: Бог знает) восхищен был до третьего неба»*. В Откровении, 21:2, сказано о Новом Иерусалиме, где находится Престол Божий.

Также на Небесах имеется множество обителей. Однако нам не дозволено жить в них по своему усмотрению. Бог справедливости воздает каждому по делам его в этом мире: насколько мы уподобились своему Господу, как потрудились для Царства Божьего, что скопили на Небесах и т.д. (От Матфея, 11:12; Откровение, 22:12).

Евангелие от Иоанна, 3:6, гласит: *«Рожденное от плоти есть плоть, а рожденное от Духа есть дух»*. В зависимости от того, насколько люди отстранили себя от всего плотского и стали духовными личностями, таковы будут и их обители на Небесах, подразделенные на группы по духовному уровню.

Конечно, все обители на Небесах прекрасны, ведь Бог правит ими. Но даже в пределах Небес имеются различия. Например, образ и уровень жизни, увлечения и прочее у жителей крупного города и селян очень различны. Точно так же, святой город Новый Иерусалим является наиболее славным местом на Небесах – там расположен Божий престол и обители Его детей, более всего уподобившихся Ему.

Однако Рай – это место в «предместье» Небес, где пребывает разбойник, покаявшийся на кресте в последнюю минуту своей жизни. Многие другие, обретшие «позорное» спасение, также будут жить там. Эти люди приняли Иисуса Христа, но не шагнули вперед, чтобы измениться духовно.

Почему же раскаявшийся разбойник попал в Рай?

Он добросердечно исповедал грех и принял Иисуса как своего Спасителя. Но он не избавился от своих грехов, не жил по Слову Божьему и не благовествовал другим. Он не потрудился для Господа. Он не сделал ничего, чтобы получить небесную награду. Поэтому он вошел в Рай, низшую обитель Небес.

### Иисус спустился в Верхнюю могилу

Хотя Иисус и обещал разбойнику, что тот «ныне же будет в раю» с Ним, это не значит, что Иисус пребывает лишь в Раю на Небесах. Иисус, Царь царей и Господь господствующих, правит и пребывает с Божьими детьми всюду на Небесах, включая Рай и Новый Иерусалим. В этом смысле Он пребывает в Раю так же, как и во всех прочих небесных обителях.

Когда Иисус сказал спасенному разбойнику, что тот «ныне же будет в раю» с Ним, «ныне» значило не просто определенный день, когда Иисус умер на кресте, и не какой-либо другой день вообще. Иисус дал знать, что Он будет с покаявшимся разбойником, где бы тот ни находился с момента, когда стал Божьим чадом.

Если обратиться к Библии, то можно видеть, что Иисус не направился в Рай после Своей смерти. У Матфея, 12:40, сказано, что Иисус говорил некоторым фарисеям: *«Ибо как Иона был во чреве кита три дня и три ночи, так и Сын Человеческий будет в сердце земли три дня и три ночи».* Послание к Ефесянам, 4:9, гласит: *«А "восшел" что означает, как не то, что Он и нисходил прежде в преиспoдние места земли?».*

Кроме того, в 1-м послании Петра, 3:18-19, говорится: *«Потому что и Христос, чтобы привести нас к Богу, однажды пострадал за грехи наши, праведник за неправедных, быв умерщвлен по плоти, но ожив духом, которым Он и находящимся в темнице духам, сошед, проповедал».* Иисус сошел в Нижнюю могилу и проповедовал Евангелие духам до того, как воскрес на третий день. Почему это было необходимо?

До того как Иисус пришел в этот мир, многие люди в ветхозаветные, и даже новозаветные времена не имели шанса услышать Евангелие, но жили добродетельно и принимали Бога. Значит ли это, что все они попали в ад просто потому, что не знали, кто такой Иисус?

Бог послал Своего Единственного Сына в этот мир, и всякий, принимающий Его, спасется. Бог не положил бы начало человеческому роду, чтобы спасти лишь тех, кто принял Иисуса Христа после Его Воскресения. Те, у кого не было возможности услышать Евангелие, но кто жил с доброй совестью, будут судимы согласно их совести.

С одной стороны, эти добродетельные сердцем люди собраны в месте, называемом «Верхней могилой». С другой стороны, «Гадес» – это место, где злые души дожидаются Судного Дня. После Своего распятия Иисус направился в Верхнюю могилу, где проповедовал Евангелие духам, не ведавшим Благой Вести, но обладавшим доброй совестью и достойным спасения.

Нет другого имени под небом, данного человекам, которым надлежало бы спастись, кроме Иисуса Христа. Именно поэтому и проповедовал Иисус о Себе духам, чтобы они смогли принять Его и спастись.

Библия говорит, что духи, спасенные до распятия Иисуса, отнесены на лоно Авраамово (От Луки, 16:22), но после Его Воскресения их относят на лоно Иисусово.

### Спасение по суду совести

До того как Иисус пришел в этот мир для проповеди Евангелия, добродетельные люди были вынуждены следовать праведности собственных сердец. Эти люди не совершали зла даже пред лицом невзгод и трудностей, потому что чутко прислушивались к своим сердцам.

Послание к Римлянам, 1:20, гласит: *«Ибо невидимое Его, вечная сила Его и Божество, от создания мира чрез рассматривание творений видимы, так что они безответны».*

Наблюдая за Вселенной и за гармонией всего, что наполняет землю, добросердечные люди веровали в вечную жизнь. Поэтому-то они не жили по своей греховной природе, а контролировали себя, в страхе Божьем воздерживаясь от мирских удовольствий.

Послание к Римлянам, 2:14-15, разъясняет: *«Ибо, когда язычники, не имеющие закона, по природе законное делают, то, не имея закона, они сами себе закон: они показывают, что дело закона у них написано в сердцах, о чем свидетельствует совесть их и мысли [их], то обвиняющие, то оправдывающие одна другую».*

Бог дал Закон израильтянам, а не язычникам. Но если язычники живут по закону своих сердец, следуя обретенной ими же совести, это равносильно тому, как если бы они жили по Закону. Нельзя сказать, что те, кто не веровал в Иисуса Христа, не могут быть спасены, если они ни разу в жизни не слышали Евангелия.

Среди остававшихся до смерти в неведении относительно Иисуса Христа есть люди, которые могли удерживаться от злых мыслей благодаря чистоте собственных сердец. Эти люди будут спасены по Божьему суду их совести.

### «Жено! се, сын Твой... се, Матерь твоя!»

Апостол Иоанн записал увиденное и услышанное им у креста, на котором был распят Иисус. Там присутствовало много женщин, включая Марию, мать Иисуса, сестру Его матери, Саломею, Марию Клеопову и Марию Магдалину. В Евангелии от Иоанна, 19:26-27, Иисус просит скорбящую Марию, Свою мать, считать Иоанна своим сыном, а Иоанна – позаботиться о ней как о своей матери.

*«Иисус, увидев Матерь и ученика тут стоящего, которого любил, говорит Матери Своей: Жено! се, сын Твой. Потом говорит ученику: се, Матерь твоя! И с этого времени ученик сей взял Ее к себе».*

**Почему Иисус назвал Марию «женщиной», а не «матерью»?**

Слово «мать» не было произнесено Иисусом, но отражает точку зрения апостола Иоанна. Почему же тогда Иисус назвал Свою Мать, которая родила Его, «женщиной»?

Если обратиться к Библии, можно заметить, что Иисус не называл Ее «матерью».

Например, в Евангелии от Иоанна, 2:4, описано, как Иисус, положив начало служению, совершил Свое первое чудо – превратил воду в вино. Это произошло во время брачного пира в Кане Галилейской. Иисус и Его ученики также были приглашены на свадьбу. Когда вино закончилось, Мария сказала Ему об этом, ведь Она знала, что Иисус –

Сын Божий, и поэтому способен превратить воду в вино. Тогда Иисус ответил Ей: *«Что Мне и Тебе, Жено? Еще не пришел час Мой»* (ст. 4).

Иисус ответил, что Его время, чтобы явить Себя в качестве Мессии, еще не пришло, несмотря на сожаление Марии об отсутствии вина для гостей. Превращение воды в вино в духовном смысле обозначает грядущее пролитие Иисусом Крови на кресте.

Иисус возвестил о Себе как о пришедшем в этот мир Спасителе, исполнив божественный план спасения человечества на кресте. Поэтому Он обратился к Марии словом «жено», а не «мать».

Кроме того, наш Спаситель Иисус есть ипостась Троицы и Творца. Бог Творец есть СУЩИЙ (Исход, 3:14), и Он есть Первый и Последний (Откровение, 1:17; 2:8). Таким образом, у Иисуса нет матери, и поэтому Иисус назвал Марию «женщиной», а не «матерью».

Сегодня многие дети Божьи обращаются к Марии как к «святой матери» Иисуса, даже возводят ей памятники и поклоняются им. Вам следует понимать, что это абсолютно неверно, ведь она не является, собственно, «матерью» Спасителя (Исход, 20:4).

## Небесное гражданство

Иисус утешил Марию, скорбевшую о Его распятии, и повелел Своему возлюбленному ученику Иоанну заботиться о Ней, как о собственной матери. Несмотря на чудовищную боль на кресте, Он глубоко переживал о том, что произойдет с Марией после Его смерти. В этом тоже вы можете ощутить Его любовь.

Через третье слово Иисуса на кресте, мы можем понять что все мы, братья и сестры в вере, - семья Бога. В 12-й главе Евангелия от Матфея описана сцена, когда семья Иисуса приходит повидаться с Ним. Когда Иисусу сказали, что снаружи стоят Его мать и братья, он обратился к толпе с такими словами:

> *«Он же сказал в ответ говорившему: кто Матерь Моя? и кто братья Мои? И, указав рукою Своею на учеников Своих, сказал: вот матерь Моя и братья Мои; ибо, кто будет исполнять волю Отца Моего Небесного, тот Мне брат, и сестра, и матерь»* (От Матфея, 12:48-50).

По мере возрастания вашей веры, после принятия Иисуса Христа, ваше ощущение принадлежности к небесному гражданству становится более ясным, и вы начинаете испытывать больше любви к своим братьям и сестрам во Христе, чем к биологическим родственникам. Если ваша семья не относится к числу Божьих детей, то она не сможет оставаться «семьей» вечно. Ваши родственные отношения закончатся с наступлением смерти. Если они не верят в Иисуса Христа и не живут по воле Божьей, то, даже несмотря на их заверения в вере в Бога, они попадут в ад, потому что возмездие за грех – смерть (От Матфея, 7:21).

Зримая плоть превращается в прах после смерти, но дух бессмертен. Когда Бог заберет наш дух, останется только тело, которое вскоре истлеет. Бог Творец создал первочеловека из праха, в который вдохнул дыхание жизни, сделав тем самым его дух бессмертным. Именно Бог дает рождение бессмертному духу и создает плоть, которая возвращается в прах. Поэтому Он есть ваш истинный Отец.

В Евангелии от Матфея, 23:9, сказано: *«И отцем себе не называйте никого на земле, ибо один у вас Отец, Который на небесах»*. Это не значит, что вы не должны любить неверующих среди ваших родственников. Очень важно истинно любить их, проповедовать им Евангелие и приводить их к принятию Иисуса Христа.

## «Элои! Элои! ламма савахфани?»

Иисус был распят на кресте в третьем часу, и в шестом часу по всей земле настала тьма, которая продолжалась до девятого часа, когда Он испустил Свой последний вздох. Говоря современным языком, Он был распят в девять часов утра и через три часа, в полдень, вся земля была окутана тьмой до трех часов пополудни.

> *«В шестом же часу настала тьма по всей земле, [и продолжалась] до часа девятого. В девятом часу возопил Иисус громким голосом: "Элои! Элои! ламма савахфани?" - что значит: "Боже Мой! Боже Мой! для чего Ты Меня оставил?"» (От Марка, 15:33-34).*

Через шесть часов, в девять, Иисус воззвал к Богу: *«Элои!*

Элои! ламма савахфани?». Таково четвертое слово Иисуса на кресте.

Иисус был истощен, ведь Он висел на кресте под раскаленным солнцем пустыни в течение шести часов, истекая кровью и потом. Он был истощен до предела. Почему же тогда Он воззвал к Богу?

Каждое из семи слов распятого Иисуса обладает духовным смыслом. Не будь они слышны, они были бы бесполезны. Семь слов этих должны были быть точно записаны в Библии, чтобы каждый смог понять Божью волю.

Поэтому распятый, Он громко произносил семь слов, чтобы все стоящие вокруг креста, смогли их услышать и записать.

Некоторые говорят, что в возгласе Иисуса есть укор Богу, потому что Ему пришлось прийти в этот мир во плоти и принять великую боль без необходимости. Однако это вовсе не так.

### Почему Иисус восклицал: «Элои! Элои! ламма савахфани?»

Причина, по которой Он пришел на землю, была в разрушении козней дьявола и открытии врат для нашего спасения.

Итак, Иисус был послушен Божьей воле до самой смерти и полностью принес Себя в жертву. Перед Своим распятием Он горячо помолился, и был пот Его, как капли крови, падающие на землю (От Луки, 22:42-44). Он нес Свое бремя, полностью сознавая страдание, которое Он примет на кресте.

Он принял поругание и страдание на кресте, потому что знал Божий план, приготовленный для человечества. Мог ли Иисус сожалеть о Своей смерти? Его возглас не был знаком скорби или упрека Богу. У Иисуса была другая причина для этих слов.

**Во-первых, Иисус желал провозгласить миру, что Он принял распятие во искупление всех грешников.**

Он желал, чтобы каждый понял, что, даже несмотря, на то, что является Единственным и Единородным Сыном Божьим, Он оставил Свою славу на Небесах и был полностью покинут Богом. Он восклицал, чтобы каждый знал о Его страданиях от чудовищной боли на кресте ради искупления грешников от их грехов. Библия свидетельствует, что Он называл Бога «Своим Отцом», но на кресте Иисус обратился к Нему как к «Своему Богу». Ведь Иисус принял крест от имени грешников, а грешники не вправе называть Бога «Отцом».

В тот момент Бог оставил Иисуса как грешника, несущего все грехи человечества, и Иисус не посмел назвать Бога «Отцом». Таким же образом, вы зовете Бога «Авва, Отче», если отвечаете на Его любовь, но обращаетесь к Нему уже как к «Богу», а не «Отцу», когда отдаляетесь от Него из-за совершенных вами грехов или слабой веры.

Бог желает, чтобы все люди стали Его истинными детьми, которые могут называть Его «Отцом», приняв Иисуса Христа и ходя во Свете.

**Во-вторых, Иисус желал предостеречь людей, знающих Божью волю, но живущих во тьме.**

Бог послал Своего Единственного Сына Иисуса Христа в этот мир и допустил надругательство над Ним и Его распятие от рук Своего Собственного творения. Иисус знал, почему Бог оставил Своего Сына, но распявшая Его толпа не ведала Божьей воли. Он воскликнул: «Боже Мой! Боже Мой! для чего Ты Меня оставил?», – чтобы позволить невеждам понять Божью любовь и покаяться, чтобы они вступили на путь спасения.

## «Жажду»

Во времена Ветхого Завета было множество пророчеств о страданиях Иисуса на кресте. Псалом, 68:22, гласит: *«И дали мне в пищу желчь, и в жажде моей напоили меня уксусом»*. Как предсказано в псалме, когда Иисус сказал, что жаждет, люди вымочили губку уксусом, насадили ее на стебель иссопа и поднесли к губам Иисуса.

*«После того Иисус, зная, что уже все совершилось, да сбудется Писание, говорит: жажду. Тут стоял сосуд, полный уксуса. [Воины], напоив уксусом губку и наложив на иссоп, поднесли к устам Его» (От Иоанна, 19:28-29).*

Задолго до Рождества Иисуса Христа в городе Вифлееме, псалмопевцу было видение распятия Иисуса и смерти Его на кресте. Он описал это. Иисус сказал: «Жажду» во исполнение Писания.

Давайте задумаемся о духовном смысле пятого слова распятого Иисуса: «Жажду».

### Иисус провозглашает Свою духовную жажду

Многие люди могут вытерпеть голод, но никто не в силах совладать с жаждой. Иисус был крайне истощен, потому что Он был распятым на кресте в течение шести часов и проливал Свою кровь под палящим солнцем пустыни. Степень Его жажды не поддается описанию.

Дело не в том, что Иисус не мог вынести Свою жажду, когда говорил, что жаждет. Он знал, что очень скоро вернется к Богу с миром.

В действительности, большую боль Ему причиняла духовная жажда, а не физическая. Такова сила желания Иисуса о Божьих детях: «Я жажду, потому что Я пролил Свою кровь. Утолите мою жажду, отплатив за Мою кровь».

Две тысячи лет прошло со времени смерти Иисуса на кресте, но Он все еще говорит нам о Своей жажде. Его жажда была от пролития Им Своей крови. Он пролил Свою кровь ради прощения наших грехов и дарования нам вечной жизни.

Иисус говорит нам, что Он жаждет, чтобы показать Свою готовность спасать заблудшие души. Поэтому Божьи дети, спасенные кровью Иисуса, должны отплатить за Его кровь.

Способ, которым вы платите за Его кровь и утоляете Его жажду, – это то, как вы ведете людей от неведения, чреватого адом, к Небесам.

Поэтому мы должны быть благодарны Иисусу, Который пролил Свою кровь, и теперь мы должны утолять Его жажду, приводя людей на путь спасения.

## «Совершилось!»

В Евангелии от Иоанна, 19:30, сказано, что, когда Иисус «вкусил уксуса», Он сказал: «Совершилось!». После этого Он преклонил главу и испустил Свой дух. Иисус принял губку, насаженную на стебель иссопа. Он сделал это не потому, что не мог вынести Своей жажды. Ведь в этом деянии тоже сокрыт духовный смысл.

Иисус пришел в этот мир во плоти, чтобы Его распяли на кресте за грехи человечества. Из Своей великой любви к нам Иисус исполнил Закон Ветхого Завета, понес грехи людей и предназначавшееся им проклятие. В ветхозаветные времена люди приносили Богу в жертву кровь животных, когда совершали грехи. Однако Иисус, пролив Свою Кровь, совершил жертву раз и навсегда за грехи, совершенные во все времена (Посл. к Евреям, 10:11-12). Таким образом, наши грехи прощены, когда мы принимаем Иисуса Христа, потому что Он уже искупил нас. Искупленная благодать через Иисуса Христа обозначается новым вином, и Он испил винного уксуса, чтобы даровать нам новое вино.

### Духовное значение слова «совершилось»

Иисус сказал: «Совершилось!» – и испустил Свой дух. Что значит это в духовном смысле?

Иисус пришел на землю во плоти, проповедовал Евангелие, исцелял немощи и болезни и открыл врата спасения, приняв крест за всех тех, кто был обречен на смерть.

Он исполнил ветхозаветный Закон с любовью, принеся Свою жизнь в жертву. Кроме того, Он одержал победу над дьяволом, полностью уничтожив дьявольские козни. Это значит, что Он исполнил божественный план человеческого спасения. Потому-то Иисус и произнес на кресте: «Совершилось!».

Бог желает, чтобы Его дети выполнили всё, живя по воле Божьей, подобно Его Единственному и Единородному Сыну Иисусу, исполнившему всё провидение спасения через послушание Богу – вплоть до принесения в жертву Своей жизни по воле и плану Божьему.

Итак, мы должны, во-первых, уподобиться сердцу своего Господа, обретя духовную любовь, то есть принося девять плодов Святого Духа (Посл. к Галатам, 5:22-23) и исполняя Заповеди блаженства (От Матфея, 5:3-10). Затем мы должны исполнить долг, данный вам Господом. Мы должны привести как можно большее число людей к Господу, ревностно молясь, проповедуя Евангелие и служа церкви.

Я надеюсь, что каждый из нас, драгоценных чад Божьих, одолеет мир твердой верой, упованием на Небеса и любовью Божьей, послушанием своим Богу и Его воле, так же, как это сделал Господь Иисус Христос, сказав: «Совершилось!».

## «Отче! в руки Твои предаю дух Мой»

К тому времени, когда Иисус произнес Свои последние слова на кресте, Он был в полной мере истощен. В таком состоянии Иисус сумел громко произнести: «Отче! в руки Твои предаю дух Мой».

> *«Иисус, возгласив громким голосом, сказал: Отче! в руки Твои предаю дух Мой. И, сие сказав, испустил дух» (От Луки, 23:46).*

Вы можете заметить, что Иисус назвал Бога «Отцом», а не «Моим Богом». Это указывает на то, что Иисус теперь исполнил Свою миссию в качестве искупительной жертвы.

### Иисус передал Свой дух и душу Богу

Почему Иисус, пришедший на землю как наш Спаситель, передает Свой дух и душу в руки Своего Отца?

Человек состоит из духа, души и тела (1-е посл. к Фессалоникийцам, 5:23). Во время смерти его дух и душа покидают тело. Они возвращаются в лоно Божье, если он чадо Божье. В противоположном случае его дух и душа отправляются в ад (От Луки, 16:19-31). Тело же его будет погребено и возвращается в прах.

Иисус, Сын Божий, стал Плотью и пришел в этот мир.

Он обладал духом, душой и телом, как и мы. Когда Он был распят, умерло Его тело, но не дух и не душа; Он передал Свой дух и душу в руки Божьи.

Бог получает и ваш дух, и вашу душу, когда вы умираете. Если бы Бог получал только ваш дух, но не душу, вы бы никогда не смогли ощутить истинного счастья на Небесах, и не смогли бы быть благодарны Ему от всего сердца. Почему? Потому что вы бы не помнили все те вещи, которые исходят из души, как, например, слезы, скорбь, страдания и прочее, постигшее вас на земле. Потому-то Бог и получает не только дух ваш, но и душу.

Почему же тогда Иисус передал Свой дух и душу Богу? Потому, что Бог есть Творец, правящий всем во Вселенной и распоряжающийся вашей жизнью, смертью, проклятиями и благословениями. Это значит, что все принадлежит Богу и все находится под Его властью. Лишь Бог отвечает на ваши молитвы. Итак, Сам Иисус должен был молиться, чтобы передать Свой дух и душу Богу Отцу (От Матфея, 10:29-31).

## Иисус молился громким голосом

Почему Иисус молился громким голосом, несмотря на Свои страдания, говоря: «Отче! в руки Твои предаю дух Мой»?

Это потому, что Он желал, чтобы люди слышали и знали: Богу угодно, когда молятся во весь голос. Его молитва о передаче Своего духа Богу была столь же искренняя, как и Его молитва в Гефсиманском саду незадолго до Его взятия под стражу.

Кроме того, молитва Иисуса «Отче! в руки Твои предаю дух Мой» доказывает, что Иисус исполнил все по воле Божьей. То есть теперь Он мог с гордостью передать Свой дух Богу, завершив Свой труд в полном послушании Богу.

Апостол Павел исповедовал: *«Подвигом добрым я подвизался, течение совершил, веру сохранил; а теперь готовится мне венец правды, который даст мне Господь, праведный Судия, в день оный; и не только мне, но и всем, возлюбившим явление Его»* (2-е посл. к Тимофею, 4:7-8).

Дьякон Стефан также жил по воле Божьей и подвизался в вере. Поэтому он мог молиться: «Господи Иисусе! приими дух мой», когда его побивали камнями (Деяния, 7:59). Апостол Павел и Стефан не могли бы молиться такими словами, если бы жили мирской жизнью, гоняясь за удовольствиями, внушенными им греховной природой.

Если проживете жизнь по воле Бога Отца, то, подобно Иисусу, вы сможете с гордостью сказать: «Совершилось!» и «Отче! в руки Твои предаю дух Мой».

### Что произошло после смерти Иисуса?

Иисус умер на кресте, громко произнеся Свои последние слова. Был час девятый (три часа пополудни). Хотя это и было днем, тьма сделалась по всей земле с шестого часа (то есть с полудня) до девятого, и завеса в храме разорвалась надвое (От Луки, 23:44-45).

*«И вот, завеса в храме раздралась надвое, сверху донизу; и земля потряслась; и камни расселись; и*

*гробы отверзлись; и многие тела усопших святых воскресли, и, выйдя из гробов по воскресении Его, вошли во святый град и явились многим» (От Матфея, 27:51-53).*

Есть важный духовный смысл во фразе, что «завеса в храме раздралась надвое, сверху донизу». Длинная завеса в храме отделяла Святое место от Святая Святых. Никто не мог войти в Святое место кроме священников, и лишь первосвященник был вправе войти в Святая Святых один раз в год.

Разрыв завесы в храме указывает на то, что Иисус принес Себя в жертву умилостивления, чтобы разрушить стену греха. До того как завеса была разорвана надвое, первосвященник приносил жертвоприношение от имени народа и был посредником между людьми и Богом.

Мы можем иметь прямые отношения с Богом, потому что стена греха была разрушена смертью Иисуса. То есть всякий, верующий в Иисуса Христа, может войти во святилище, чтобы поклоняться и служить Богу без посредничества первосвященников или пророков.

Именно поэтому автор Послания к Евреям отмечает: *«Итак, братия, имея дерзновение входить во святилище посредством Крови Иисуса Христа, путем новым и живым, который Он вновь открыл нам чрез завесу, то есть плоть Свою»* (Посл. к Евреям, 10:19-20).

Кроме того, земля сотряслась, и камни раскололись. Все эти сверхъестественные события говорят нам о том, что сотряслось все мироздание. Так, из-за зла людей проявилась

**Божья скорбь.** Бог дал знать, что Он глубоко ранен, потому что сердца людские слишком ожесточились и были не в состоянии принять Иисуса Христа, несмотря на то, что Он отдал Своего Единственного Сына ради их спасения.

Гробы отверзлись, и многие тела усопших святых воскресли. Свидетельство воскресения заключается в том, что всякий верующий в Иисуса Христа прощен и живет вновь.

Итак, я надеюсь, вы поняли духовный смысл и любовь Господа, заключенные в Его семи последних словах на кресте, и будете жить христианской жизнью, полной побед, и затем предстанете пред Господом, подобно отцам веры.

СЛОВО О КРЕСТЕ

Глава 8

# Истинная вера и вечная жизнь

- Тайна сия велика!
- Ложное исповедание не ведет к спасению
- Плоть и Кровь Сына Человеческого
- Прощение только по хождению в Свете
- Вера, сопровождаемая делами,
  есть истинная вера

СЛОВО О КРЕСТЕ

«Ядущий Мою Плоть и пиющий Мою Кровь имеет жизнь вечную, и Я воскрешу его в последний день. Ибо Плоть Моя истинно есть пища, и Кровь Моя истинно есть питие. Ядущий Мою Плоть и пиющий Мою Кровь пребывает во Мне, и Я в нем. Как послал Меня живый Отец, и Я живу Отцем, [так] и ядущий Меня жить будет Мною».

Евангелие от Иоанна, 6:54-57

Конечная цель верования в Иисуса Христа и посещения церкви состоит в том, чтобы обрести спасение и вечную жизнь. Однако многие думают, что имеют спасение от того лишь, что ходят в церковь по воскресеньям и говорят, что верят в Иисуса Христа, не живя при этом по Божьему Слову.

Конечно, как сказано в Послании к Галатам, 2:16 *«Однако же, узнав, что человек оправдывается не делами закона, а только верою в Иисуса Христа, и мы уверовали во Христа Иисуса, чтобы оправдаться верою во Христа, а не делами закона; ибо делами закона не оправдается никакая плоть»*, вы не сможете войти на Небеса или оправдаться внешним соблюдением закона, особенно, если сердце ваше исполнено нечестия. Если вы продолжаете грешить, изучая Божье Слово, не исполняете его, то у вас не будет отношений с Иисусом Христом,

Следовательно, вам нужно осознать, что вам трудно спастись только исповеданием своих уст. Кровь Иисуса Христа очищает вас от ваших грехов и спасет вас, только если вы ходите в Свете и живете в Истине. Нужно иметь истинную веру, сопровождаемую делами (1-е посл. Иоанна, 1:5-7).

Теперь, давайте подробнее рассмотрим, как обрести истинную веру, которой мы сможем получить спасение и жизнь вечную в качестве истинных детей Божьих.

## Тайна сия велика!

Послание к Ефесянам, 5:31-32, гласит: *«Посему оставит человек отца своего и мать и прилепится к жене своей, и будут двое одна плоть. Тайна сия велика; я говорю по отношению ко Христу и к Церкви».*

Повзрослев, люди оставляют своих родителей и соединяются с мужем или женой, что отвечает здравому смыслу. Почему тогда Бог назвал это великой тайной? Если эти слова истолковать и принять буквально, вы не поймете, почему это «великая тайна», но, если осознаете ее духовный смысл, исполнитесь радостью.

«Церковь» здесь означает детей Божьих, которые приняли Святого Духа. А именно, Бог сравнил отношения между Иисусом Христом и верующим с супружескими отношениями.

Как можно оставить мир и соединиться с Женихом Иисусом Христом?

### Если примете Иисуса Христа верой

С тех пор как первый человек Адам совершил грех непослушания Богу, грех вошел в этот мир. Все его потомки стали рабами греха и детьми врага дьявола, правящего этим миром.

Раньше, до того как мы приняли Иисуса Христа, мы принадлежали этому миру и врагу дьяволу, имеющему силу над этим миром тьмы. Это подтверждается в Евангелии от Иоанна, 8:44, где мы читаем: *«Ваш отец диавол, и вы хотите исполнять похоти отца вашего. Он был человекоубийца от начала и не устоял в истине, ибо нет в нем истины. Когда говорит он ложь, говорит свое, ибо он лжец и отец лжи»*, а также в 1-ом послании Иоанна, 3:8: *«Кто делает грех, тот от диавола, потому что сначала диавол согрешил».*

Однако, когда мы приняли Иисуса Христа как своего Спасителя и вышли в Свет, мы приняли власть как дети Божьи и освободились от грехов, потому что наши грехи прощены кровью Иисуса Христа.

Если мы верим в то, что Иисус Христос искупил нас от наших грехов, приняв крест, Бог дает нам в дар Святого Духа, а Святой Дух рождает дух в нашем сердце. Святой Дух говорит нам о воле Божьей и учит нас ей, чтобы мы вели себя и жили согласно истине.

И тогда мы становимся чадами Божьими, водимыми Духом Божьим, взываем к Нему: «Авва, Отче!» (Посл. к Римлянам, 8:14-15) и наследуем Царство Небесное.

Как прекрасно и непостижимо то, что дети дьявола, когда-то шедшие путем вечной смерти, стали чадами Божьими, и теперь вера ведет их на Небеса!

Когда мы соединяемся с Иисусом Христом верой в Него, в наши сердца сходит Святой Дух и соединяется с семенем жизни. Бог сотворил первого человека из праха и вдохнул в его ноздри жизнь. Дыхание жизни есть семя жизни, сама жизнь. Поэтому оно никогда не умрет, а будет передано потомкам, через сперму и яйцеклетку человека, из поколения в поколение.

Семя жизни окутано сердцем. После того как Бог

сотворил Адама, Он посеял в его сердце познание жизни, познание духа. Для того чтобы младенец усвоил знание этого мира и стал культурным человеком, воспитал характер, соответствующий человеческому достоинству, живому существу необходимо познание жизни, чтобы обрести истинную жизнь, хотя он уже и существует физически.

Однажды Адам был исполнен только духовным знанием, то есть истиной. Однако, после того как Он ослушался Бога, общение его с Богом оборвалось. И он начал постепенно терять познание духа, неправда стала заполнять его сердце.

С того времени сердце, наполненное изначально только истиной, оказалось наполнено двумя составляющими: истиной и неправдой. Например, в сердце Адама была любовь, но враг дьявол посеял в нем неправду, под названием ненависть, в результате, как вы видите в Бытии, глава 4-я, Каин, которого Адам родил после грехопадения, убил своего брата Авеля из зависти и ревности.

Со временем в сердце стала формироваться вторая часть, которая была наполнена истиной и неправдой. Эта часть называется «природой» или «натурой». Мы наследуем характерные черты от своих родителей. То, что мы видим, слышим и узнаем, наряду с нашими чувствами, откладывается в нашем сознании.

Эта природа часто называется «совестью», которая очень по-разному формируется в разных людях - в зависимости от того, с кем они встречаются, какие книги читают, в каких обстоятельствах воспитываются. Например, глядя на одно и то же событие или человека, одни скажут, что это «зло», в то время как другие могут сказать, что это «добро» или «благое дело».

Поэтому, когда мы анализируем чье-то сердце, в нем есть праведная часть, принадлежащая Богу, неправедная, данная сатаной, и натура, сформированная в результате взаимодействия этих двух частей.

### Святой Дух объединился с семенем жизни в сердце

В случае с Адамом эти три части в сердце окутывали семя жизни, данное ему Богом. Это то состояние, при котором сказанное Богом: «Смертью умрешь» исполнилось после того, как Адам вкусил от дерева познания добра и зла. Хоть в сердце и есть семя жизни, но, не функционируя, оно ничем не отличается от мертвого.

Например, когда вы сеете семена в поле, не все они дадут ростки, потому что некоторые семена были мертвы. Но если семена живые, они обязательно взойдут.

Так же и с людьми. Если данное Богом семя жизни совершенно омертвело, его не оживить, и тогда Богу не надо готовить Иисуса Христа для миссии спасения человечества, не надо готовить Небеса или ад.

Однако семя жизни, данное человеку, когда Бог вдохнул в него жизнь, вечно. Когда мы принимаем Благую Весть, оживает в нас семя жизни, и чем шире та часть нашего сердца, в которой содержится правда, тем легче нам принять благовестие. Всякий слышащий слово о кресте и принимающий Иисуса Христа, получает и Святого Духа. В этот момент семя жизни в нашем сердце объединяется со

Святым Духом.

Напротив, в людях, чья совесть выжжена как железом, нет пространства, чтобы вместить Евангелие, потому что сердце неправды полностью окутало и скрыло семя жизни в их сердцах. Семя жизни, находящееся в омертвевшем состоянии, обретает силу функционирования, только соединившись с великой Божьей силой, со Святым Духом.

### Стать духовным человеком

Посещения богослужений, понимание Божьего Слова и молитвы принесут нам Божью благодать и силу, помогут исполниться Духом Святым.

По мере того как мы будем отодвигать неправду и заполнять освободившееся место истиной, наши сердца станут правдивее, а наши сердца и дух станут едиными. Если сердце верующего полностью заполняется познанием духа и истины, оно само становится духом. Так как это было у первого человека, Адама.

Мы можем даже внешне выглядеть верующими, но если мы не молимся, мы действуем по своей природе. Святой Дух в нас не может дать рождение духу, и мы все еще остаемся плотскими людьми. Более того, мы не сможем следовать природе Святого Духа, если не сломаем стереотип мышления и доводов, хоть и прилежно или очень долго молимся. Следовательно, мы не сможем превратиться в духовного человека.

Святой Дух дает возможность нашему сердцу мыслить по истине. То есть мы живем согласно желаниям Святого Духа.

Таким же образом действует и сатана, чтобы заманить нас на путь разрушения, искушая нас потокать плотским помышлениям настолько, насколько сердце исполнено лжи.

Поэтому нам необходимо избавиться от плотских мыслей и самоправедности, как сказано во 2-м послании к Коринфянам, 10:5: *«...И всякое превозношение, восстающее против познания Божия, и пленяем всякое помышление в послушание Христу».*

Когда мы подчиняемся Слову Божьему, говоря «да», и исполняем желания Святого Духа, наши сердца смогут наполниться истиной, и тогда мы станем совершенно освященными духовными людьми.

### Вы сможете получить все, чего бы не попросили

Мы становимся едины с Господом, отбросив всякую неправду, сокрушив «самоправедность», и таким образом давая Святому Духу родить в нас дух. Так мы сделаем свое сердце таким же чистым как у Господа Иисуса Христа.

Мужчина и женщина становятся одной плотью и дают рождение ребенку соединением спермы и яйцеклетки. Подобно этому, когда мы выходим из мира и становимся едино с Иисусом Христом, нашим Женихом, принимая Его, мы даем рождение духу со Святым Духом и с избытком получаем благословения как чада Божьи.

Как сказано в Послании к Римлянам, 12:3, существует мера веры, и мы получаем ответы, согласно данной нам мере. В 1-м послании Иоанна, 2:12 и последующих стихах, возрастание веры сравнивается с процессом взросления человека.

Принявшие Иисуса Христа получают Святого Духа и спасение и имеют веру маленьких детей (1-е посл. Иоанна, 2:12). Те, кто стараются применить истину в действии, имеют веру отроков (1-е посл. Иоанна, 2:13). Подрастая еще и уже на деле исполняя истину, они обретают веру юношей ( 2:13). Если они еще более духовно возрастут, их вера становится верой отцов (2:13).

В Ветхом Завете вы читаете об Иове и о том, что Бог признал его непорочным и праведным. Но когда сатана в этом усомнился, Бог дозволил тому испытать Иова. Сначала Иов настаивал на своей праведности. Однако вскоре, когда в результате испытания, проявилось зло его натуры, он осознал свое нечестие и покаялся перед Богом. Самоправедность Иова была сокрушена, сердце его стало праведным и чистым в глазах Бога

Так же и мы, победив самоправедность, обретем меру веры отцов, наивысшую ступень веры, и будем едины с Господом, сможем получить обильные благословения, как чада Божьи. Именно это пообещал Бог в 1-м послании Иоанна, 3:21-22: *«Возлюбленные! если сердце наше не осуждает нас, то мы имеем дерзновение к Богу, и, чего ни попросим, получим от Него, потому что соблюдаем заповеди Его и делаем благоугодное пред Ним».*

### Вы можете радоваться благословениям как чадо Божье

Таким образом, вы становитесь едины с Иисусом

Христом в той мере, в какой являетесь человеком духа. Насколько вы достигаете Божьей праведности, настолько вы также получаете благословения оттого, что вы едины с Богом.

Иисус пообещал нам в Евангелии от Иоанна, 15:7: *«Если пребудете во Мне и слова Мои в вас пребудут, то, чего ни пожелаете, просите, и будет вам».* Там же, 17:21 Он сказал нам: *«Да будут все едино; как Ты, Отче, во Мне, и Я в Тебе, [так] и они да будут в Нас едино, - да уверует мир, что Ты послал Меня».*

Следовательно, если вы не следуете миру, который управляется дьявольской силой тьмы, а стремитесь приблизиться к Господу, вы становитесь едины с Богом Отцом. Об этом мы читаем в Послании к Галатам, 4:4-7:

> *«Но когда пришла полнота времени, Бог послал Сына Своего (Единородного), Который родился от жены, подчинился закону, чтобы искупить подзаконных, дабы нам получить усыновление. А как вы - сыны, то Бог послал в сердца ваши Духа Сына Своего, вопиющего: "Авва, Отче!" Посему ты уже не раб, но сын; а если сын, то и наследник Божий чрез (Иисуса) Христа».*

Так же, как люди наследуют имущество своих родителей, они, принимая Иисуса Христа и становясь Божьими детьми, наследуют Божье царство. Так дети дьявола наследуют ад дьявола, а дети Божьи наследуют Небеса Божьи.

Однако нам следует помнить, что тех, кто не порождает

духа Святым Духом, впереди ждет ад, потому что Небеса являются чистым местом, наполненным только истиной. И насколько наш дух процветает и становится единым с Богом, настолько славы мы получаем от пребывания одесную Бога на Небесах.

Поэтому я надеюсь, что вы получите благословения вечной жизни, приняв Иисуса Христа, нашего Жениха, и станете едины с Господом Иисусом Христом и Богом Отцом, благодаря тому, что отбросите всякую неправду и самоправедность. Этим вы сможете воздать всю славу Богу.

### Ложное исповедание не ведет к спасению

Иисус Христос становится нашим истинным Женихом, и Он ведет нас к вечной жизни и благословениям, если через веру свою мы объединяемся с Ним. Если вы уподобляетесь сердцу Иисуса Христа, вашего Жениха, и обретаете совершенную веру, вы не только унаследуете Небесное царство, но и также будете сиять там как солнце.

Если вы внимательно прочитаете Библию, вы обнаружите, что некоторые из тех, кто утверждает, что верует в Бога, не имеют спасения. В Евангелии от Матфея, в 25-й главе, есть притча о десяти девах. Пять разумных дев, запасшихся маслом, были спасены, но другие пять неразумных не смогли получить спасения.

Так, Господь нам ясно говорит через Библию, кто из тех, кто утверждает, что верует, может, а кто не может быть спасен. Вы тогда узнаете, какую вам следует вести жизнь, чтобы обрести спасение.

Ясно сказано в Евангелии от Матфея, 7:21: *«Не всякий, говорящий Мне: "Господи! Господи!", войдет в Царство Небесное, но исполняющий волю Отца Моего Небесного»*. Если вы призываете Иисуса словами «Господи, Господи», это значит, что веруете в то, что Иисус есть Христос. Однако вы не можете быть спасены, только призывая имя Господне и посещая церковь по воскресеньям.

## Делающие беззаконие не могут быть спасены

Бог говорит нам о Суде в Евангелии от Матфея, 13:40-42:

*«Посему, как собирают плевелы и огнем сжигают, так будет при кончине века сего: пошлет Сын Человеческий Ангелов Своих, и соберут из Царства Его все соблазны и делающих беззаконие, и ввергнут их в печь огненную; там будет плач и скрежет зубов».*

Когда земледелец жнет, он собирает пшеницу в амбар, а солому сжигает. Бог говорит вам, что так же должны принять наказание те, кто неправеден в глазах Бога.

«Все, кто побуждают к греху» относится ко всем тем, кто утверждает, что верует в Бога, а сам соблазняет братьев и сестер по вере и побуждает их к утрате веры. Вы не получите спасения, если будете провоцировать людей на грех и зло.

Что же такое зло? 1-е послание Иоанна, 3:4, гласит: *«Всякий, делающий грех, делает и беззаконие; и грех есть беззаконие»*.

Как каждое государство имеет свой свод законов, так существует духовный Закон и в Божьем Царстве. Законом духовного царства является Слово Божье, записанное в Библии. В нарушении Слова Божьего обвиняют так же, как преследуют по закону преступающих закон. Поэтому нарушение Слова Божьего является злом и грехом.

Божий закон можно условно поделить на четыре категории: «делать», «не делать», «хранить» и «отбрасывать». Поскольку Бог есть Свет, Он велит своим детям делать то, что правильно, не делать того, что неправильно, исполнять обязанности детей Божьих, отбрасывать то, что Богу противно, потому что Он желает, чтобы Его дети жили в Свете.

Во Второзаконии, 10:12-13, Бог призывает нас: *«Итак, Израиль, чего требует от тебя ГОСПОДЬ, Бог твой? Того только, чтобы ты боялся ГОСПОДА, Бога твоего, ходил всеми путями Его, и любил Его, и служил ГОСПОДУ, Богу твоему, от всего сердца твоего и от всей души твоей, чтобы соблюдал заповеди Господа и постановления Его, которые сегодня заповедую тебе, дабы тебе было хорошо»*. С одной стороны, мы получаем благословения, если начинаем исполнять Слово. С другой стороны, если не будем жить по Его Слову, то грех и зло приведут нас к вечной смерти.

Послание к Галатам, 5:19-21, указывает на дела плоти:

*«Дела плоти известны; они суть: прелюбодеяние,*

*блуд, нечистота, непотребство, идолослужение, волшебство, вражда, ссоры, зависть, гнев, распри, разногласия, (соблазны), ереси, ненависть, убийства, пьянство, бесчинство и тому подобное. Предваряю вас, как и прежде предварял, что поступающие так Царствия Божия не наследуют».*

«Прелюбодеяние и блуд» здесь относятся ко всякой половой распущенности, отсутствию целомудрия, включая добрачные половые связи. «Нечистота» подразумевает беспорядочные действия, выходящие за рамки здравого смысла, являющиеся результатом греховной природы.

«Непотребство» - постоянное следование вашим греховным похотям, половой распущенности, блуду. «Идолослужение» – поклонение рукотворным истуканам из золота, серебра, бронзы или других материалов, либо любовь к чему-либо, большая, чем к Богу.

«Волшебство» – это хитроумный и тонкий обман людей. «Вражда» – желание уничтожить человека из чувства, противоположного любви. «Ссоры» – действия, преследующие получение личной выгоды и власти. «Зависть» подразумевает ненависть к другому человеку из-за того, что вам кажется, что он лучше вас. «Гнев» – не просто злость, но нанесение урона другим, вследствие крайнего озлобления.

«Разногласия» – создание обособленной группы или команды для исполнения козней сатаны по причине несогласия с другими. «Соблазны» – отделение от всех для воплощения собственных помыслов, но не помыслов

Святого Духа. «Ереси» – отрицание Бога Троицы и Иисуса, пришедшего во плоти, пролившего Свою Кровь для искупления человечества и ставшего Христом.

«Ненависть» есть причинение ущерба или приведение в исполнение действий против кого-либо из зависти. «Пьянство» – чрезмерное употребление алкоголя, а «бесчинство» означает не только пьянство, потворство своим желаниям, отсутствие самодисциплины, но и неспособность исполнять супружеские или родительские обязанности.

Кроме того, «вещи, подобные этим» означают множество таких же греховных поступков, и совершающие их не будут спасены.

### Грехи, ведущие к смерти, и грехи, не ведущие к смерти

В этом мире «грех» считается «грехом», только когда результатом этого греха является видимый и физический ущерб, нанесенный другой стороне и подкрепленный весомыми уликами. Однако Бог, являющийся Светом, говорит нам, что не только греховные действия, но и всякая тьма против Света является грехом.

Хоть они не обнародованы или не засвидетельствованы, но все греховные желания наших сердец, такие, как ненависть, зависть, ревность, похоть, осуждение других, обвинения, бессердечность и нечестие ума, являются также грехами.

Поэтому Бог говорит нам: «А я говорю вам, что всякий,

*кто смотрит на женщину с вожделением, уже прелюбодействовал с нею в сердце своем»* (От Матфея, 5:28) и *«Всякий, ненавидящий брата своего, есть человекоубийца; а вы знаете, что никакой человекоубийца не имеет жизни вечной, в нем пребывающей»* (1-е посл. Иоанна, 3:15). Кроме этого, в Послании к Римлянам, 14:23, сказано: *«А сомневающийся, если ест, осуждается, потому что не по вере; а все, что не по вере, грех»*, а в Послании Иакова, 4:17, мы читаем: *«Итак, кто разумеет делать добро и не делает, тому грех»*. Поэтому вам следует понять, что не исполнять заповеди Божьи – грех и беззаконие.

Неужели все, кто согрешают, умрут? Вам необходимо понять, что человек ведет жизнь в вере, если прежде он лгал, а теперь молится и старается стать правдивым человеком. Пусть даже он еще не отбросил нечестие из своего сердца по причине слабой веры, это еще не значит, что он не спасется.

1-е послание Иоанна, 5:16-17, говорит нам: *«Если кто видит брата своего согрешающего грехом не к смерти, то пусть молится, и [Бог] даст ему жизнь, [то есть] согрешающему [грехом] не к смерти. Есть грех к смерти: не о том говорю, чтобы он молился. Всякая неправда есть грех, но есть грех не к смерти».*

Грехи, по большому счету, делятся на две категории: ведущие к смерти и не ведущие к смерти. Люди, совершающие грехи, которые не ведут к смерти, могут быть спасены, если мы будем ободрять их, молиться за них и помогать им покаяться в их грехах. Но, если человек совершает грехи, ведущие к смерти, он не может спастись, даже если о нем молиться.

Люди, считающиеся честными, порой лгут во имя собственного блага или совершают нечестные поступки, хотя сами по себе эти поступки не приносят вреда окружающим. Узнав истину, вам надо признать, что вы были грешниками, хоть и думали, что жили праведной жизнью до того, как уверовали в Бога. Бог показывает нам не только очевидные грехи, но и злые помыслы наших сердец, и все они являются грехами.

Все проступки – это грехи, а возмездие за них – смерть. Однако Иисус Христос простил все наши прошлые, настоящие и будущие грехи, пролив Свою кровь на кресте. Есть грехи, которые прощаются силой крови Иисуса, когда мы каемся и отворачиваемся от них. Эти грехи не ведут к смерти.

Если мы не каемся, но продолжаем грешить, наша совесть ожесточается. И, в конечном счете, мы не можем получить дух покаяния, если совершаем грех, ведущий к смерти. Таким образом, наши грехи не могут быть прощены, даже если мы пытаемся покаяться.

Теперь давайте рассмотрим три типа грехов, ведущих к смерти: хула на Святого Духа, многократное прилюдное уничижение Сына Божьего, сознательное прегрешение.

## Хула на Святого Духа

Три момента надо помнить, когда разговор идет о хуле на Святого Духа. Вы хулите Духа, если оговариваете Святого Духа, препятствуете делам Святого Духа и срамите Святого Духа.

*«Посему говорю вам: всякий грех и хула простятся человекам; а хула на Духа не простится человекам; если кто скажет слово на Сына Человеческого, простится ему; если же кто скажет на Духа Святого, не простится ему ни в сем веке, ни в будущем» (От Матфея, 12:31-32).*

*«И всякому, кто скажет слово на Сына Человеческого, прощено будет; а кто скажет хулу на Святого Духа, тому не простится» (От Луки, 12:10).*

**Во-первых,** «оговаривать других» значит клеветать на них и препятствовать их делам. ***«Высказываться против Святого Духа»*** – это намерение воспрепятствовать установлению Божьего Царства, служить помехой в делах Святого Духа по собственному выбору и желанию. Например, высказыванием против Святого Духа будут считаться попытки препятствовать делам Бога, потому что они не совпадают с вашими соображениями, хотя и являются делами Святого Духа

Если вы осуждаете служителя Божьего как еретика, а он таковым не является, и препятствуете делам Святого Духа, то этот грех настолько страшен пред Богом, что не может быть прощен. Поэтому вы должны уметь различать дух согласно истине.

Конечно, вы должны внушать людям осторожность и не допускать тех, кто подстрекают других принимать злых духов и являются явными еретиками в глазах Божьих.

Послание к Титу, 3:10, гласит: *«Еретика, после первого и второго вразумления, отвращайся»*.

Сегодня многие люди осуждают некоторые церкви как еретические или во многом даже преследуют их, несмотря на то, что те признают Бога Троицу и им сопутствуют дела Святого Духа. Такие люди не способны распознавать духов. Хотя они и заявляют о своей вере в Бога, у них не достаточно библейского знания о ереси. Иногда они даже не знакомы с определением ереси.

В случае гонений на других, из-за нехватки правильных знаний, для прощения гонителей достаточно их покаяния и отречения от греха. Однако, если они препятствуют делам Божьим со злым умыслом и из ревности, зная, что это дела Святого Духа, то они никогда не смогут быть прощены.

В Библии можно найти тому пример. В Евангелии от Марка, глава 3-я, когда Иисус совершал удивительные знамения и чудеса, Его завистники пустили слух, что Он безумен. Слух этот распространился так широко, что члены Его семьи, пришли издалека, чтобы увести Его от людей.

Законники и фарисеи критиковали Иисуса за то, что Он-де *«имеет [в] [Себе] веельзевула и что изгоняет бесов силою бесовского князя»* (От Марка, 3:22). Они обладали точным знанием Божьего Слова. Они очень хорошо знали Закон и учили ему людей, и все же они препятствовали Божьим делам из своей ревности и зависти к Иисусу.

**Во-вторых, «препятствование делам Святого Духа»** заключается в пренебрежении гласом Святого Духа, дарованным Богом, в обвинении и осуждении дел Святого

Духа или в попытке причинить вред другим людям.

Например, высказывание против Святого Духа заключается в попытке сеять слухи и подделывать документы, в осуждении пасторов или церквей, являющих дела Святого Духа, как «еретических», с целью воспрепятствовать собраниям духовного пробуждения и собраниям поклонения.

Что же тогда значит фраза: «Всякому, кто скажет слово на Сына Человеческого, прощено будет»? «Сын Человеческий» в этом стихе – это Иисус, пришедший в этот мир в образе человеческом и распятый на кресте.

«Говорить на Сына Человеческого» значит оказывать непослушание Иисусу, зная и признавая Его лишь как человека, потому что Он пришел во плоти. Неспособность признать Иисуса как Спасителя обуславливается неведением. В таком случае вы будете прощены и сможете спастись, если усердно покаетесь и примите Господа.

Таким образом, если вы совершили такой грех по неведению истины или до обретения Святого Духа, Бог дает вам шанс покаяться и снова быть прощенным.

Однако, если вы ослушались и воспротивились Господу, ясно зная, кто такой Иисус Христос, то вам следует осознать, что вы никогда не сможете быть прощены, ведь это равносильно хуле на Духа Святого и препятствованию делам Его.

***В-третьих,*** богохульствовать также значит порочить все божественное, святое и чистое. Хулить Святой Дух также значит ***порочить Святой Дух,*** Дух Божий, Его божественность. Клеветники на Святого Духа, видящие в делах Божьих сатанинские козни, а в кознях – дела Святого Духа, бесславят Божью вечную силу и сущность. Кроме того, проповедуя, что истина есть неправда, а неправда – истина, осуждая истину как ересь, они также совершают «хулу на Духа Святого».

В старые времена человека, который словом и делом хулил царя, считали государственным изменником и карали смертью.

Хула на святую сущность Бога Всемогущего, не сравнимого с каким-либо из царей в этом мире, никогда не может быть прощена.

Даже Иисус, бывший самой природой Бога и пришедший в этот мир во плоти, никого не осуждал. Если вы все еще осуждаете братьев и сестер и, более того, покушаетесь на дела Святого Духа, то сколь же ужасен будет этот грех! Если вы ходите в страхе Божьем, то никогда не сумеете навлечь позор, воспрепятствовать или возразить Святому Духу.

Поэтому мы должны осознавать, что эти грехи не смогут быть прощены ни в этот век, ни в век грядущий, и обязаны воздерживаться от них. Даже если мы ранее совершили такой грех, нам следует искать Божьей благодати и каяться всем своим сердцем.

### Поношение Сына Божьего пред людьми

Поношение Сына Божьего пред людьми, как это описано в Послании к Евреям, глава 6-я, равносильно новому распятию Его в себе и ведет к смерти.

*«Ибо невозможно - однажды просвещенных, и вкусивших дара небесного, и соделавшихся причастниками Духа Святого, и вкусивших благого глагола Божия и сил будущего века, и отпадших, опять обновлять покаянием, когда они снова распинают в себе Сына Божия и ругаются [Ему]» (ст. 4-6).*

Некоторые люди оставляют церковь и Бога, впадают в искушения мира сего и навлекают позор на Бога, хотя они получили Святого Духа, знают о существовании Неба и ада и веруют в Слово Истины. Мы говорим, что они снова совершают грех распятия Сына Божьего и срамят Его прилюдно. Такой человек не только совершает множество грехов, внушенных сатаной, но и отрицает Бога, подвергает гонениям и уничижениям церковь и верующих.

Такие люди уже отдали свою совесть сатане, и поэтому их сердца наполнились тьмой.

Поэтому они даже не пожелают покаяться, и дух покаяния не снизойдет на них. У них не будет никакого шанса на покаяние, и поэтому они никогда не могут быть прощены.

Иуда Искариот совершил такой грех. Он был одним из двенадцати учеников Иисуса. Он засвидетельствовал множество знамений и чудес, но из алчности предал Иисуса за тридцать серебренников. Позже он почувствовал угрызения совести и глубоко сожалел о содеянном, но дух покаяния не сошел на Иуду. Его грех не мог быть прощен, и наконец он совершил самоубийство, потому что не смог вынести вины (От Матфея, 27:3-5).

### Произвольные грехи

Последний грех, который ведет к смерти, – это сознательное совершение грехов после обретения познания истины.

> *«Ибо, если мы, получивши познание истины, произвольно грешим, то не остается более жертвы за грехи, но некое страшное ожидание суда и ярость огня, готового пожрать противников»* (Посл. к Евреям, 10:26-27).

«Получив познание истины, произвольно грешишь» значит повторять преступления, которые Бог не прощает. Кроме того, это значит грешить снова и снова, зная, что совершаешь грех. Как сказано: *«Но с ними случается по верной пословице: пес возвращается на свою блевотину, и вымытая свинья [идет] валяться в грязи»* (2-е посл. Петра, 2:22).

С одной стороны, когда Давид, который очень любил Бога, совершил прелюбодеяние, это породило многие другие грехи и привело его к убийству своих самых преданных воинов. Однако когда пророк Нафан указал на его грех, царь Давид незамедлительно покаялся.

С другой стороны, царь Саул продолжал грешить даже после того, как пророк Самуил указал на его грехи. Давид покаялся и получил Божьи благословения, а Саул был оставлен Богом, потому что не покаялся и продолжал грешить.

Кроме того, Валаам был пророком, который имел власть благословлять и проклинать, но стоило ему пойти на поводу у мира сего ради богатства и славы, и его постигла жалкая участь.

С одной стороны, Святой Дух в сердцах, произвольно совершающих грехи, угасает, потому что Бог отворачивается от Них. Тогда они теряют свою веру и творят зло и неправду, внушаемые дьяволом. Наконец, Святой Дух в них полностью исчезает, и они не могут более спастись, не в силах покаяться, и их имена стираются из Книги жизни (Откровение, 3:5).

С другой стороны, существуют люди, которые продолжают грешить, потому что они познали Бога одним лишь знанием, но не веруют в Него всем сердцем. Их грехи могут быть прощены и им может быть указан путь спасения, если они усердно и чистосердечно покаются и обретут истинную веру.

Поэтому мы должны знать, что нам не спастись, если мы совершаем грехи произвольно, из грешной своей природы, даже если некогда были просвещены, уверовали в существование Неба и ада и ощутили избыток Божьей благодати.

Я также надеюсь, что вы полностью осознаете, что все грехи - это беззаконие и тьма, и что Бог не терпит их, даже если некоторые из них и не ведут к смерти. Пожалуйста, будьте мудрыми верующими, воздерживающимися от всякого греха.

## Плоть и Кровь Сына Человеческого

Чтобы жить здоровой жизнью, необходимо правильно питаться. Точно так же, чтобы сохранить здоровый дух и обрести вечную жизнь, вы должны есть Плоти и пить Крови Сына Человеческого.

Теперь вам предстоит узнать, что такое Плоть и Кровь Сына Человеческого и почему вы должны есть Его Плоти и пить Его Крови для обретения вечной жизни, как о том говорится в отрывке из Евангелия от Иоанна, 6:53-55:

> *«Иисус же сказал им: истинно, истинно говорю вам: если не будете есть Плоти Сына Человеческого и пить Крови Его, то не будете иметь в себе жизни. Ядущий Мою Плоть и пиющий Мою Кровь имеет жизнь вечную, и Я воскрешу его в последний день. Ибо Плоть Моя истинно есть пища, и Кровь Моя истинно есть питие».*

### Что такое Плоть Сына Человеческого?

С помощью многочисленных библейских притчей Иисус открывает нам тайны Небес и Божью волю. Людям, которые живут в этом трехмерном мире, очень трудно понять и осознать волю Бога, пребывающего в четырехмерном мире и выше. Итак, Иисус сравнивал то, что на Небесах, с неодушевленными предметами, растениями, животными и жизнью в этом мире, чтобы помочь нам лучше понять божественную волю.

Именно поэтому Иисус, Единственный и Единородный Сын Божий, сравнивается со скалой и звездой, не имеющими измерений, с «одномерным» вином, с «двухмерным» агнцем и Сыном Человеческим «трехмерного» мира.

Иисус назван Сыном Человеческим, поэтому Плоть Сына Человеческого – это Плоть Иисуса.

Евангелие от Иоанна, 1:1, говорит нам: *«В начале было Слово, и Слово было у Бога, и Слово было Бог»*. И там же, стих 14-й, отмечает, что *«Слово стало плотию, и обитало с нами, полное благодати и истины; и мы видели славу Его, славу, как единородного от Отца»*.

Иисус пришел в этот мир во плоти как Слово Божье. Поэтому Плоть Сына Человеческого – это Божье Слово, воплощенная истина, и вкушение Плоти Сына Человеческого подразумевает изучение библейского Слова Божьего.

### Как есть Плоти Сына Человеческого

Книга Исхода, 12:5 и последующие стихи, изображает Иисуса как «Агнца»:

> *«Агнец у вас должен быть без порока, мужеского пола, однолетний; возьмите его от овец, или от коз. И пусть он хранится у вас до четырнадцатого дня сего месяца: тогда пусть заколет его все собрание общества Израильского вечером. И пусть возьмут от крови [его] и помажут на обоих косяках и на*

*перекладине дверей в домах, где будут есть его».*

В целом, многие верующие думают, что «Агнец» обозначает новых верующих, но если внимательно читать Библию, то можно ясно видеть, что это символ Иисуса.

Иоанн Креститель при виде идущего к нему Иисуса произнес в Евангелии от Иоанна, 1:29: *«Вот Агнец Божий, Который берет [на Себя] грех мира».* И апостол Петр говорил об Иисусе, как об Агнце, в 1-м своем послании, 1:19: *«...Не тленным серебром или золотом искуплены вы от суетной жизни, преданной вам от отцов, но драгоценною Кровию Христа, как непорочного и чистого агнца».* Помимо этих, имеется множество других стихов, которые сравнивают Иисуса с Агнцем.

Почему Библия сравнивает Иисуса с Агнцем? Агнец, или ягненок, – это самое кроткое и послушное животное. Он узнает голос пастуха и подчиняется ему. Никто не сможет обмануть ягненка, даже если попытается изобразить голос его пастуха. Люди используют его белый и мягкий мех, молоко и мясо.

Подобно тому, как агнец жертвует всем ради людей, Иисус полностью подчинился Божьей воле и пожертвовал ради нас всем.

Иисус пришел в этот мир во плоти, хотя природа его – Божья, проповедовал Евангелие Небес, исцелял болезни и недуги и был распят. Иисус отдал все, чтобы искупить ваши грехи.

Иисуса сравнивают с агнцем, потому что Его характер и поступки напоминают кроткого агнца, и ядение агнца символизирует ядение Плоти Иисуса, то есть Плоти Сына Божьего.

Как же тогда должны вы есть Плоти Сына Человеческого? Давайте посмотрим в Исходе, 12:9-10, где имеются следующие инструкции:

> *«Не ешьте от него недопеченного, или сваренного в воде, но ешьте испеченное на огне, голову с ногами и внутренностями. Не оставляйте от него до утра; но оставшееся от него до утра сожгите на огне».*

### Во-первых, вы не должны есть Божье Слово недопеченным

Что значит есть Плоти Сына Человеческого «недопеченным»?

В целом, принимать мясо в пищу сырым плохо. Если съешь сырое мясо, можно заразиться какой-нибудь инфекцией и заболеть. Точно так же, Бог заповедует вам не вкушать Слова Божьего неприготовленным, потому что это приносит вред.

Божье Слово записано по вдохновению Святого Духа, поэтому вы должны читать его и приготавливать свою духовную пищу также по вдохновению Святого Духа.

К чему приводит буквальная трактовка Божьего Слова? Вероятно, вы неправильно поймете Божье намерение. Поэтому «вкушение Божьего Слова недопеченным» значит буквальное толкование Библии.

Как сказано у Иоанна, 1:1, *«в начале было Слово»*, –

Библия содержит Божье сердце и волю, и всё исполняется по этому Слову.

Божье Слово говорит нам, как попасть на Небо. Вы должны в полной мере понимать Божье Слово, чтобы обрести вечную жизнь. И наоборот, человек плоти не способен увидеть или понять духовный мир.

Такой человек подобен бабочке, которая не знает о существовании Неба, сидя в своем коконе на земле. Он подобен цыпленку, который не догадывается об окружающем его мире, сидя в своем невылупившемся яйце. Или младенцу, который ничего не знает о мире, находясь в утробе своей матери.

Таким же образом, пока вы пребываете в этом плотском мире, вы не знаете ничего о мире духовном.

Бог говорит вам, что есть другой мир, находящийся за пределами привычных трех измерений. Но подобно невылупившемуся цыпленку, который должен разрушить скорлупу, вы должны сокрушить свои плотские помыслы, чтобы понять духовный мир и войти в него.

Например, в Евангелии от Матфея, 6:6 сказано: *«Ты же, когда молишься, войди в комнату твою и, затворив дверь твою, помолись Отцу твоему, Который втайне; и Отец твой, видящий тайное, воздаст тебе явно»*. Если бы вы попытались трактовать этот стих буквально, то всегда бы молились в своей комнате. Однако никто из отцов веры не молился втайне в своих покоях.

Иисус не молился в Своей комнате, но поднимался для этого на гору, где проводил всю ночь (От Луки, 6:12); Он молился поутру в пустынном месте (От Марка, 1:35).

Кроме того, Даниил молился три раза в день, открыв обращенные к Иерусалиму окна горницы своей (Кн. пророка Даниила, 6:10), а апостол Петр поднимался на крышу дома, чтобы помолиться (Деяния, 10:9).

Что же значит, когда Иисус говорит: «Войди в комнату твою и, затворив дверь твою, помолись»?

Здесь, «комната» в духовном смысле символизирует сердце человека. Поэтому вхождение в затворенную комнату означает отказ от своих мыслей и вхождение в сокровенные глубины сердца, подобно тому, как вы должны пройти через гостиную, чтобы попасть во внутреннюю комнату дома. Лишь тогда вы сможете молиться от всего сердца.

Входя во внутреннюю комнату, вы оказываетесь изолированы от всего извне. Так же и во время молитвы вы запираете все суетные мысли, беспокойства и заботы, чтобы помолиться от всего своего сердца.

Итак, вы не должны вкушать Плоти Сына Человеческого недопеченной. Вы не должны толковать Божье Слово буквально. Это значит, что вы должны толковать Слово Божье духовно – по вдохновению Святого Духа.

### Во-вторых, не ешьте Слова Божьего сваренным в воде

Что значит «не ешьте мяса сваренным в воде»? Это значит, что нам не следует ничего добавлять в Слово Божье, но есть его чистым.

Неправильно проповедовать Божье Слово, смешивая его с политикой, рассказами из общественной жизни или сюжетами из жизни исторических персонажей.

Бог, Творец неба и земли и Управитель жизнью и смертью человека, посылающий благословения и проклятия, всесилен и ни в чем не имеет недостачи.

1-е послание к Коринфянам, 1:25, гласит: *«Потому что немудрое Божие премудрее человеков, и немощное Божие сильнее человеков»*. Это записано, чтобы мы осознавали, что даже мудрейший и лучший из людей не может сравниться с Богом.

Мы не можем проповедовать обо всем, что говорится в Библии, в течение всей своей жизни. Так как же смеем мы смешивать в проповеди молву людскую с Божьим Словом?

Людская молва изменчива. Даже если в ней есть доля истины, вся она и без того была уже сказана в Библии, и сказана с Божьей мудростью.

Поэтому первым нашим приоритетом при научении людей библейским истинам должна быть чистота Божьего Слова. Конечно, мы в праве приводить некоторые притчи или иллюстрации, чтобы люди смогли лучше понять Божье Слово и тайны духовного мира.

Мы должны осознавать, что лишь Божье Слово вечно, совершенно, полностью истинно и ведет к вечной жизни. Итак, нам не следует есть Его Слово сваренным в воде.

**В-третьих, вы должны есть Слово Божье испеченным на огне**

Что значит «есть испеченное на огне, голову с ногами и внутренностями» (Исход, 12:9)? Это значит, что вы должны сделать Божье Слово, Плоть Сына Человеческого, вашей духовной пищей полностью, ничего не упуская.

Например, некоторые люди сомневаются в том факте, что Моисей разделил Красное море. Некоторые даже не пытаются читать книгу Левит, потому что ветхозаветные жертвоприношения слишком трудны для понимания. Другие говорят, что в чудеса, совершенные Иисусом, трудно поверить, и думают, эти чудеса были возможны только 2 тыс. лет тому назад. Они не принимают многое из того, что не соответствует человеческим представлениям, и стремятся извлечь из Писания только уроки морали.

Они даже не пытаются помнить о таких заповедях, как «возлюби врага своего» или «избегай всякого зла», потому что следование этим словам кажется им слишком трудным. Могут ли они спастись?

Итак, мы не должны извлекать из Библии лишь то, что угодно нам самим, подобно этим глупцам. Мы должны есть все библейское Слово в полноте, испеченное на огне, от Бытия до Откровения.

Что же тогда значит ядение Божьего Слова «испеченным на огне»? Огонь здесь обозначает пламя Духа Святого. Вы должны быть преисполнены и вдохновлены Святым Духом, когда читаете и слушаете Божье Слово, потому что оно записано по вдохновению Святого Духа. В ином случае остается лишь знание, а не духовная пища.

Чтобы есть Божье Слово испеченным на огне, вы должны горячо молиться. Молитвы служат тем топливом, которое становится источником полноты Святого Духа. Если вы едите Божье Слово по вдохновению Святого Духа, оно слаще, чем мёд. Кроме того, вы никогда не утомитесь, даже от самых длинных проповедей, ведь Слово Божье так драгоценно, и вы любите слушать его, подобно лани, спешащей к горному источнику, чтобы утолить свою жажду.

Именно так следует вкушать Слово Божье, испеченное на огне. Только так мы сможем понять Божье Слово, сделать его своей духовной плотью и кровью, осознать Божью волю и следовать ей. Именно так дается рождение духу от Святого Духа, возрастает вера и происходит восстановление в нас потерянного образа Божьего через обретение полноты долга человеческого.

Однако вкушающим Слово Божье своемысленно, не испекши его на огне, оно кажется скучным, они не в силах запоминать его, потому что слушают его в суемыслии. Они не способны ни возрастать духовно, ни обрести истинную жизнь.

**В-четвертых, вы не должны оставлять Божье Слово до утра.**

Что значит заповедь: *«Не оставляйте от него до утра; но оставшееся от него до утра сожгите на огне»*?

Она значит, что мы должны есть Плоти Сына Человеческого, Слово Божье, ночью. Мир, в котором мы живем сейчас, – это мир тьмы, контролируемый дьяволом, и в духовном плане это время можно назвать ночью. Когда вернется наш Господь, вся тьма исчезнет и все станет явным; настанет утро и придет мир Света.

Поэтому «не оставляйте ничего до утра» значит, что вы должны усвоить Божье Слово, чтобы приготовить себя как Невесту нашего Господа до Его возвращения.

Кроме того, близко или нет Второе пришествие Господа,

вам отведено всего 70-80 лет жизни, и вы не ведаете, когда встретитесь с Господом. До встречи с Господом вы возрастаете духовно по мере того, как вкушаете Плоти и пьете Крови Сына Человеческого. Поэтому вы должны усердно изучать Божье Слово и возрастать духовно.

Если у вас вера отцов, и дух ваш постоянно возрастает, то вы обретете славу, подобную славе сияющего солнца, рядом с Престолом Бога в Его Царстве, ведь вы познали предвечного Бога, взрастили девять плодов Святого Духа и исполнили Заповеди блаженства, уподобившись образу Божьему.

### Питие Крови Сына Человеческого

Чтобы поддерживать жизнь, мы должны не только принимать пищу, но и пить воду. Если отказаться от воды, то пищеварение будет невозможно, и человек умрет. Попадая в желудок вместе с жидкостью, пища переваривается, питательные вещества усваиваются, а нечистоты извергаются.

Схожим образом, когда мы едим Плоти Сына Человеческого, но не пьем Крови Сына Человеческого, мы не сможем ее усвоить. Поэтому мы может обрести вечную жизнь, лишь если вкушаем Плоти Сына Человеческого и пьем Крови Его.

«Питие Крови Сына Человеческого» означает на деле и по вере следовать Слову Божьему. После того как мы услышали Слово Божье, очень важно поступать соответственно, ведь именно такова вера. Если мы не поступаем по Слову Божьему, услышав и узнав его, то в слушании этом нет никакого прока.

Так же, как при пищеварении питательные вещества усваиваются организмом, а нечистоты выходят из него, Божье Слово, истина, усваивается, а неправда извергается, если мы деятельно исполняем Слово Божье в очищение своих нечестивых сердец.

Что же тогда такое «усвоенная истина» и «извергнутая неправда»? Допустим, вы слушали Божье Слово, гласящее: «Не ненавидьте, но любите друг друга». Если вы соделали свою пищу и поступили согласно этому Слову, то питательная любовь усваивается вашим сердцем, а нечистоты, называемые «ненавистью», извергаются из него. Ваше сердце очищается и наполняется истиной, так как грязные и недостойные помыслы уходят из него.

### Поступайте по Слову Божьему, выслушав его

Однако если мы не поступаем по Слову Божьему, то мы не пьем Крови Сына Человеческого. Поэтому Божье Слово становится для нас не более чем умственным знанием, и мы не можем спастись, если не исполняем его.

Питие Крови Сына Человеческого, деятельное исполнение Божьего Слова, не может совершаться одними лишь нашими силами. Мы должны обладать волей и усердием поступать по Его Слову, и тогда через ревностную молитву обретем Божью благодать, силу и помощь Духа Святого.

Если бы мы могли избавиться от греха собственными силами, Иисусу не требовалось бы умирать на кресте, и Богу не было бы нужды посылать Духа Святого.

Иисус Христос был распят ради прощения наших грехов, потому что сами мы не способны решить проблему греха; и Бог послал Святого Духа, чтобы помочь нам вместо своего нечестивого сердца обрести сердце чистое.

Святой Дух, Дух Божий, помогает детям Божьим жить в истине и праведности. Поэтому с помощью Святого Духа дети Божьи должны жить по Слову Божьему и избавляться от своих грехов, обретая Божью любовь и благословения.

## Прощение только по хождению в Свете

Сказать, что мы едим Плоти и пьем Крови Сына Человеческого, значит признать, что мы ходим в Свете, согласно Божьему Слову. Но о каких поступках идет здесь речь? Мы должны поступать во Свете. Мы покидаем тьму и живем во Свете, когда едим Плоти Сына Человеческого, усваиваем ее и обретаем истинное сердце. Когда мы ходим в Свете, кровь Господа смывает наши грехи, прошлые, настоящие и будущие.

Даже если у нас все еще остаются несмытые грехи, если мы покаемся всем сердцем пред Богом, наши грехи могут быть прощены по Божьей благодати. Те, кто истинно верует в Бога и пытается обрести праведность своих сердец, более не являются грешниками, но праведниками, и они могут быть спасены и наделены вечной жизнью.

## Бог есть Свет

1-е послание Иоанна, 1:5, гласит: *«И вот благовестие, которое мы слышали от Него и возвещаем вам: Бог есть свет, и нет в Нем никакой тьмы»*.

Апостол Иоанн, автор этого послания, учился напрямую у Иисуса, пришедшего в этот мир, чтобы стать Светом миру и Путем к Богу.

Поэтому в Евангелии от Иоанна, 1:4-5, говорится об Иисусе: *«В Нем была жизнь, и жизнь была свет человеков; и свет во тьме светит, и тьма не объяла его»*. Иисус сам говорил: *«Я есмь путь и истина и жизнь; никто не приходит к Отцу, как только чрез Меня»* (От Иоанна, 14:6).

Итак, ученики Иисуса засвидетельствовали тот факт, что «Бог есть Свет», через Иисуса, и проповедь их, адресованная нам, гласит: «Бог есть Свет».

## Свет духовно обозначает истину

Что же такое «свет»? В духовном смысле свет значит истина, а истина противоположна тьме.

Бог говорит нам в Послании к Ефесянам, 5:8: *«Вы были некогда тьма, а теперь – свет в Господе: поступайте, как чада света»*. Все, кто слышал проповедь о том, что «Бог есть Свет», и узнал истину от Бога, могут воссиять и стать светом этому миру, изгоняя тьму.

Дети Света поступают по истине и приносят плод Света. Именно поэтому в Ефесянах, 5:9, сказано: *«Потому что плод Духа [состоит] во всякой благости, праведности и истине».* Духовная любовь, описанная в 1-м послании к Коринфянам, глава 13-я, и плоды Святого Духа, такие, как любовь, радость, мир, долготерпение, благость, милосердие, вера, кротость и воздержание, - суть плоды Света.

Поэтому Свет обозначает все Слово Истины о благости, праведности и любви, как «Любите друг друга», «Молитесь», «Храните субботу», «Исполняйте Десять заповедей», которые заповеданы Богом в Библии.

### Тьма духовно обозначает грех

Тьма обозначает состояние, при котором нет Света, и в духовном смысле это – грех.

Вся неправда противоположна истине, как записано в послании к Римлянам, 1:28-29: *«И как они не заботились иметь Бога в разуме, то предал их Бог превратному уму - делать непотребства, так что они исполнены всякой неправды, блуда, лукавства, корыстолюбия, злобы, исполнены зависти, убийства, распрей, обмана, злонравия».* Все это тьма.

Библия говорит нам отвращаться от всего, принадлежащего тьме, включая воровство, убийство, прелюбодеяние и всякое зло.

С одной стороны, некоторые люди утверждают, что являются детьми Божьими, хотя они и не следуют заповедям Божьим, а поступают точно так, как Бог не велит поступать. Тьмой повелевает враг - дьявол и сатана, и они принадлежат этому миру, и потому никогда не смогут быть там, где есть

Свет. Именно поэтому ходящие во тьме ненавидят Свет и живут вдалеке от него.

С другой стороны, истинные дети Бога, Который есть Свет и в Ком нет тьмы, должны отречься от тьмы и ходить во Свете. Лишь тогда мы сможем общаться с Богом и обретем процветание во всем.

### Свидетельства общения с Богом

Обычно между родителями и их детьми очень тесное общение, основывающееся на любви. Так же естественно для нас, верующих в Иисуса Христа, иметь общение с Богом, Отцом нашего духа (1-е посл. Иоанна, 1:3).

Общение здесь означает не только знание другого, но и взаимные узы. Вы не можете сказать, что у вас общение с президентом, даже если много о нем знаете. То же касается и вашего общения с Богом. Чтобы обрести истинное общение с Богом, не только вы должны знать его, но и Он должен признавать вас.

1-е послание Иоанна, 1:6-7 гласит: *«Если мы говорим, что имеем общение с Ним, а ходим во тьме, то мы лжем и не поступаем по истине; если же ходим во свете, подобно как Он во свете, то имеем общение друг с другом, и Кровь Иисуса Христа, Сына Его, очищает нас от всякого греха».*

Это значит, что общение с Богом у вас будет только тогда, когда вы избавитесь от грехов и будете ходить во Свете. Если вы говорите, что у вас общение с Богом, а сами поступаете и живете во тьме, то это ложь.

Иметь общение с Богом – значит иметь духовное и истинное общение, а не общение безбожное, когда вы знаете Его лишь своим умом. Вы должны стать Светом, чтобы обрести общение с Богом, потому что Он есть Свет. Святой Дух, сердце Божье, ясно учит нас воле Божьей, если мы ходим в истине, дабы нам иметь более глубокое общение с Богом, когда мы читаем Божье Слово и молимся.

### Если ходите во тьме

Вы лжете, если утверждаете, что имеете общение с Богом, но ходите во тьме и согрешаете. Это не является хождением в истине, и вы обязательно пойдете путем погибели.

В 1-й книге Царств, глава 2-я, написано, что сыновья священника Илия были людьми негодными и совершали грехи. Ему следовало их наказать, но он только предупреждал их: «Для чего вы делаете такие дела? Не делайте так».

В конце концов, на них обрушился гнев Божий. Двое сыновей священника Илия погибли на поле брани, а Илий упал с сиденья у ворот, сломал шею и умер. Гнев Божий сошел также и на его потомков (1-я кн. Царств, 2:27-36, 4:11-22).

Поэтому сказано в послании к Ефесянам, 5:11-13 *«И не участвуйте в бесплодных делах тьмы, но и обличайте. Ибо о том, что они делают тайно, стыдно и говорить. Все же обнаруживаемое делается явным от света, ибо все, делающееся явным, свет есть».*

Если есть кто, утверждающий, что имеет общение с

Богом, но он не ходит в Свете, такового следует наставлять с любовью. Если он, тем не менее, не приходит в Свет, вам следует его пожурить и вывести в Свет, чтобы он не оказался на пути в погибель.

### Прощение через хождение в Свете

В мире есть закон, и если человек его преступает, его наказывают в соответствии со степенью преступления. Однако он не может не чувствовать вину на своей совести, так как урон уже нанесен, несмотря на то, что он заплатил за содеянное и понес наказание.

Подобно этому, мы все еще имеем греховную природу в сердце, даже после того как приняли Иисуса Христа, получили прощение грехов и нас провозгласили праведными. Поэтому Бог велит нам обрезать свое сердце, чтобы мы не ощущали вины даже своей совестью.

Как сказано в Книге пророка Иеремии, 4:4: *«Обрежьте себя для Господа, и снимите крайнюю плоть с сердца вашего, мужи Иуды и жители Иерусалима, чтобы гнев Мой не открылся, как огонь, и не воспылал неугасимо по причине злых наклонностей ваших»*, - обрезание сердца означает обрезание кожи со своего сердца.

Обрезать кожу с сердца значит следовать повелениям Божьим в Библии: делать одно, воздерживаться от другого, что-то хранить, а что-то искоренять в себе. Иными словами, это значит отвержение всего, что противостоит Богу: ненависти, зла, нечестивости, беззакония и тьмы, очищая свое сердце и наполняя его истиной.

Поэтому вы должны прилежно соделывать из Слова Божьего пищу, усваивать ее, действуя согласно Слову, и извергать нечистоты, то есть зло и неправду, принадлежащие тьме. Когда вы обрежете свое сердце, вы сможете духовно возрастать.

Когда вы станете духовным и правдивым человеком, извергнув из себя все грехи и зло как нечистоты, вы обретете общение с Богом. Тогда кровь Иисуса Христа сможет омыть ваши грехи, так как вы имеете такое общение.

Поэтому вам следует не только принять Иисуса Христа и быть праведными, но также и измениться в истинно праведного человека вкушением плоти и крови Сына Человеческого и обрезанием своего сердца.

## Вера, сопровождаемая делами, есть истинная вера

К нашему удивлению, мы видим многих людей, на самом деле не понимающих значение веры. Некоторые говорят: «Разве недостаточно просто ходить в церковь? Вы и так спасетесь».

Если вы слушаете Божье Слово и знаете его, но не исполняете, то вера ваша – в голове, в качестве знания, ее нельзя считать истинной. И такой верой не обрести спасения. Какую веру признает Бог? Как верой обрести спасение.

## Истинное покаяние требует отвращения от грехов

1-е послание Иоанна, 1:8-9, гласит: *«Если говорим, что не имеем греха, - обманываем самих себя, и истины нет в нас. Если исповедуем грехи наши, то Он, будучи верен и праведен, простит нам грехи (наши) и очистит нас от всякой неправды»*.

Что означает исповедание грехов?

Допустим, Бог вам говорит: «Иди на восток, это путь в вечную жизнь, в этом Моя воля». Несмотря на это, вы продолжаете идти на запад, говоря: «Боже, мне следует идти на восток, но я иду на запад, прости меня, пожалуйста». Это не исповедь. В этом нет ни веры в Бога, ни страха Божьего, а скорее, насмешка над Ним. Истинное покаяние происходит не только исповеданием ваших грехов устами, но и полным отвращением от ваших грехов на деле. Только так Бог примет покаяние и дарует прощение.

Так же, как смерть настигает человека, не принимающего никакой пищи, хоть он и знает, что пища необходима для поддержания жизни, так, без исповедания грехов устами и без оставления грехов, ваши грехи не будут омыты кровью Господа.

## Вера без дел мертва

В Послании Иакова, 2:22, сказано: *«Видишь ли, что вера содействовала делам его, и делами вера достигла совершенства?»*. А стих 26-й продолжает: *«Ибо, как тело без духа мертво, так и вера без дел мертва».*

Многие ходят в церковь потому, что слышали о существовании Небес и ада. Но, поскольку сердцем они не веруют в этот факт, то дел у них нет.

Это - вера-знание, и мертвая вера.

Кроме того, если вы исповедуете своими устами, что веруете, и продолжаете жить в грехе, как можете утверждать, что имеете веру? Библия говорит, что грех, совершенный осознанно, является худшим грехом, чем невольный грех.

Когда вы исповедуете: «Я верую» и не являете дел, вы можете думать, что имеете веру, но Бог не признает такую веру как истинную.

Израильтяне, вышедшие из Египта, испытали многие деяния Бога. Бог разделил Красное море, давал им манну и перепелов, защищал их столпом облачным днем и столпом огненным по ночам.

Однако, когда Бог приказал им обследовать землю Ханаан, только Иисус Навин и Халев поверили Божьему Слову и силе. В результате, те израильтяне, которые не послушались Бога, так как не имели крепкой веры, чтобы войти в Ханаан, получили сорок лет испытаний в пустыне и умерли там.

Вы должны осознать, что все бессмысленно, если вы не верите или не действуете согласно Слову Божьему, даже если являетесь очевидцами и участниками многих Божьих деяний. Вера совершенствуется делами.

## Только исполняющие закон являются праведниками

Бог говорит нам в Послании к Римлянам, 2:13: *«…Потому что не слушатели закона праведны пред Богом, но исполнители закона оправданы будут»*.

Вы еще не праведники, если всего лишь посещаете богослужения и слушаете проповеди. Вы станете праведными, только если ваше неправое сердце изменится в праведное, благодаря исполнению вами Слова Божьего.

Некоторые утверждают, что можно спастись, призывая имя Иисуса Христа: «Господи!» своими устами, не правильно понимая Послание к Римлянам, 10:13: *«Ибо "всякий, кто призовет имя Господне, спасется"»*. Это абсолютно неверно. Как сказано в Книге пророка Исаии, 34:16: *«Отыщите в книге Господней и прочитайте; ни одно из сих не преминет придти, и одно другим не заменится. Ибо сами уста Его повелели, и сам дух Его соберет их»*. Один стих Слова Божьего не может быть без другого; совершенство же их обретается, когда трактуются они совместно.

Послание к Римлянам, 10:9-10, гласит: *«Ибо, если устами твоими будешь исповедывать Иисуса Господом и сердцем твоим веровать, что Бог воскресил Его из мертвых, то спасешься; потому что сердцем веруют к праведности, а устами исповедуют ко спасению»*.

Только те, кто верует сердцем, что Иисус воскрес, смогут истинно исповедовать своими устами, потому что живут по Слову Божьему. Они будут спасены, когда исповедуют с истинной верой и обретут большую праведность, но те, кто не исповедует с такой верой, не смогут быть спасены.

Поэтому Иисус сказал в Евангелии от Матфея, 13:49-50: *«Так будет при кончине века: изыдут Ангелы и отделят злых из среды праведных, и ввергнут их в печь огненную: там будет плач и скрежет зубов».*

Здесь, слово «праведные» относится ко всем, признающим Бога и утверждающим, что имеют веру. «Отделение злых из среды праведных» означает, что те, кто не исполняет Божьего Слова, не могут быть спасены, хоть они и ходят в церковь и ведут христианскую жизнь.

## Бог действительно желает обрезания сердца

Бог желает, чтобы его дети были святы и совершенны. Поэтому Он говорит в 1-м послании Петра, 1:15: *«... Но, по примеру призвавшего вас Святого, и сами будьте святы во всех поступках»*, а в Евангелии от Матфея, 5:48: *«Итак будьте совершенны, как совершен Отец ваш Небесный».*

Во времена Ветхого Завета люди спасались делами, как в прообраз грядущего, но в Новозаветную эпоху, когда Иисус Христос исполнил закон любовью, вы спасаетесь верой.

«Спасение делами закона» означает, например, что хоть ваше сердце такое подлое, что готово убить, возненавидеть, совершить прелюбодеяние, солгать и так далее, грехом это не считается, пока вы не совершите это физически.

Бог не обвинял людей, пока они не совершали злодеяний, потому что они не могли отбросить свои грехи сами, без помощи Святого Духа, в ветхозаветные времена. Однако в новозаветное время спасется только тот, кто обрежет сердце в вере с помощью Святого Духа: для этого он и пришел к нам. Святой Дух дает нам различение между грехом и праведностью и Судом и помогает жить согласно Слову Божьему. Поэтому мы можем справиться с неправедностью и обрезать свое сердце с помощью Святого Духа.

Вы должны понять, что Бог действительно просит вас обрезать сердце, избавиться от грехов, быть святыми и стать причастниками божественной природы. Апостолу Павлу была известна эта воля Бога, и он учил обрезанию сердца, а не плоти (Посл. к Римлянам, 2:28-29). Он призвал вас сражаться с грехом до пролития крови, взирая на Иисуса, совершителя вашей веры (Посл. к Евреям, 12:1-4).

Я надеюсь, вы обретете истинную веру, сопровождаемую делами, понимая, что нельзя войти на Небеса, только призывая «Господи, Господи!», но ходя в Свете и обрезая свое сердце.

СЛОВО О КРЕСТЕ

Глава 9

# Родиться от воды и Духа

- Никодим приходит к Иисусу
- Иисус помогает духовному разумению Никодима
- Рождение от воды и Духа
- Три свидетеля: Дух, Вода и Кровь

## СЛОВО О КРЕСТЕ

*«Между фарисеями был некто, именем Никодим, [один] из начальников Иудейских. Он пришел к Иисусу ночью и сказал Ему: Равви! мы знаем, что Ты - Учитель, пришедший от Бога; ибо таких чудес, какие Ты творишь, никто не может творить, если не будет с ним Бог. Иисус сказал ему в ответ: истинно, истинно говорю тебе: если кто не родится свыше, не может увидеть Царствия Божия. Никодим говорит Ему: как может человек родиться, будучи стар? неужели может он в другой раз войти в утробу матери своей и родиться? Иисус отвечал: истинно, истинно говорю тебе: если кто не родится от воды и Духа, не может войти в Царствие Божие».*

Евангелие от Иоанна, 3:1-5

Бог послал Иисуса, Сына Своего Единородного и открыл нам путь спасения. Принимающий Его получает право стать чадом Божьим и насладиться благословенной и вечной жизнью ныне и во веки веков. Однако в наши дни можно встретить многих людей, не уверенных в своем спасении, несмотря на то, что они приняли Иисуса Христа. Более того, некоторые думают, что спасены, но не обладают достаточной для спасения верой; иные заявляют, что спасены, потому что однажды получили Святого Духа, но после этого не задумывались даже о своем поведении.

Теперь, подытоживая слово о кресте, на примере истории Никодима проясним со всей четкостью, как достичь совершенного спасения от того момента, как вы приняли Иисуса Христа.

## Никодим приходит к Иисусу

Во времена Иисуса фарисеи весьма почтительно относились к закону Моисея и хранили традиции старцев. Религиозные лидеры избранного народа Израиля верили во всевластие Божье, в воскресение, в ангелов, в последний Суд и грядущего Мессию.

Тем не менее, Иисус многократно укорял их, говоря:

«Горе вам, фарисеи». Они выступали перед людьми, словно лицемеры, выглядя святыми снаружи, но исполненные жадности и себялюбия изнутри, словно побеленные гробницы (От Матфея, 23:25-36).

### Доброе сердце Никодима

Никодим был фарисеем и одним из членов Синедриона, высшего иудейского правящего совета. Однако он не гнал Иисуса, в отличие от других фарисеев. Напротив, видя чудеса и знамения, совершенные Иисусом, верил, что Иисус пришел от Бога. Никодим хотел узнать, кто такой Иисус, потому что сердце его было добрым.

В Евангелии от Иоанна, 7:51, Никодим обращается к фарисеям, желавшим схватить Иисуса, защищая Его: *«Судит ли закон наш человека, если прежде не выслушают его и не узнают, что он делает?»*.

Должно быть, в то время члену Синедриона нелегко было сказать такое. Даже сейчас, если правительство принимает законы, ограничивающие или ставящие христианство вне закона, официальные лица не могут встать на защиту христианства. В то время израильтяне любую религию, кроме иудаизма, считали ложной. Никодим знал, что его могли отлучить, если он встанет на сторону Иисуса.

Тем не менее, Никодим выступил в защиту Иисуса. Это доказывает, что он был честен и твёрд в вере в Иисуса.

Евангелие от Иоанна, 19:39-40, описывает события непосредственно после смерти Иисуса на кресте:

*«Пришел также и Никодим, приходивший прежде к Иисусу ночью, и принес состав из смирны и алоя, литр около ста. Итак они взяли Тело Иисуса и обвили его пеленами с благовониями, как обыкновенно погребают Иудеи».*

Таким образом, Никодим веровал, что Иисус был послан Богом, неизменно служил Иисусу даже после Его распятия и обрел спасение верой в Его Воскресение.

## Никодим приходит к Иисусу

В главе 3-й Евангелия от Иоанна приводится диалог между Иисусом и Никодимом, прежде чем тот понял истину в духе.

Однажды ночью Никодим пришел к Иисусу и исповедовал: *«Равви! мы знаем, что Ты - Учитель, пришедший от Бога; ибо таких чудес, какие Ты творишь, никто не может творить, если не будет с ним Бог»* (ст.2)

Сначала Никодим не знал, что Иисус был Мессией и Сыном Божьим. Однако затем, будучи свидетелем чудес Иисуса, Никодим с чистой совестью осознал и признал, что Иисус - Бог. Он чистосердечно признал, что только Всемогущий Бог может воскрешать из мертвых, дать возможность слепым – видеть, хромым – ходить, прокаженным - исцелиться.

Тогда почему же он пришел к Иисусу ночью? Он был из тех людей, которые стесняются открыто посещать церковь, потому что не уверены в Боге Творце.

Хотя у Никодима и было доброе сердце, истинной веры у

него не было. У него не было уверенности в том, что Иисус - Сын Божий и Мессия, поэтому он не пришел к Иисусу днем, открыто, а явился ночью.

## Иисус помогает духовному разумению Никодима

Иисус сказал Никодиму: *«Истинно, истинно говорю тебе: если кто не родится свыше, не может увидеть Царствия Божия»* (От Иоанна, 3:3).

Однако Никодим этого вообще понять не мог. И он спросил снова: «Как может человек родиться, будучи стар?». У него не было духовной веры, вот он и удивлялся: «Старый человек умирает и возвращается в прах, в землю, как же он может вновь родиться?».

Тогда Иисус рассказал ему о рождении от воды и Духа: *«Истинно, истинно говорю тебе: если кто не родится от воды и Духа, не может войти в Царствие Божие. Рожденное от плоти есть плоть, а рожденное от Духа есть дух»* (От Иоанна, 3:5-6).

Никодим попытался понять слова Иисуса, и Он объяснил ему в иносказательной форме: *«Дух дышит, где хочет, и голос его слышишь, а не знаешь, откуда приходит и куда уходит: так бывает со всяким, рожденным от Духа»* (От Иоанна, 3:8).

После неповиновения Адама во всех людях умер дух, и с той поры все обречены на смерть. Однако после рождения от Святого Духа дух оживает. Когда человек становится духовным, в нем восстанавливается образ Божий, и он спасен. Однако Никодим не понял, что имел в виду Иисус (От Иоанна, 3:9).

И он спрашивает: «Как это может быть?». Иисус отвечает:

*«Если Я сказал вам о земном, и вы не верите, - как поверите, если буду говорить вам о небесном? Никто не восходил на небо, как только сшедший с небес Сын Человеческий, сущий на небесах. И как Моисей вознес змию в пустыне, так должно вознесену быть Сыну Человеческому, дабы всякий, верующий в Него, не погиб, но имел жизнь вечную» (От Иоанна, 3:12-15).*

В Числах, 21:4-9, повествуется о том, как израильтяне, выведенные из Египта, взбунтовались против Моисея, потому что все труднее и труднее становился путь в Ханаан. Тогда Бог отвернулся от них и наслал ядовитых змей, которые жалили людей.

Когда они взмолились о помощи, Бог велел Моисею сделать медного змея и поставить его на шест. Бог спасал всякого, взглянувшего на него, но упрямые умирали, потому что в неверии своем не утруждались даже взглянуть на него.

## Понимать Слово Божье духовно

Почему Бог повелел сделать медного змея и выставить

его на древке знамени? Из Бытия, 3:14, мы знаем, что змей был проклят. Кроме того, Послание к Галатам, 3:13 гласит: *«Проклят всяк, висящий на древе».*

Поэтому медный змей, водруженный на деревянный шест, символизирует, что Иисус для нашего искупления будет висеть на деревянном кресте как проклятый змей. И в дополнение к этому, как всякий, взглянувший на медного змея, оставался жив, так и всякий верующий в Иисуса Христа будет спасен.

Никодим не мог понять значения Слова Божьего, потому что еще не был рожден от воды и Духа и его духовное зрение еще не было открыто.

Даже сегодня, если вы не рождены от воды и Духа и ваши духовные глаза не открыты, то вы не сможете понять смысл духовной проповеди, потому что будете воспринимать все буквально и, как следствие, неправильно ее толковать.

Вам надлежит усердно молиться, чтобы по вдохновению Святого Духа вы могли понимать духовный смысл Слова Божьего. И тогда Бог благодати расположит ваше сердце, и вы сможете понимать Слово Божье и иметь истинную веру.

## Рождение от воды и Духа

Пришедшему ночью Никодиму Иисус сказал: *«Истинно, истинно говорю тебе: если кто не родится от воды и Духа, не может войти в Царствие Божие. Рожденное от плоти есть плоть, а рожденное от Духа есть дух»* (От Иоанна, 3:5-6).

Давайте, четко определим значение рождения от воды и Духа. Как может человек вновь родиться от воды и Духа и обрести спасение?

## Вода символизирует воду вечной жизни

Вода утоляет жажду и смягчает внутренние органы. Она также очищает наше тело и снаружи, и изнутри.

Иисус сравнивает воду вечной жизни с обычной водой, чтобы объяснить, что она очищает нас и приносит с собой жизнь.

В Евангелии от Иоанна, 4:14, Иисус говорит нам: *«А кто будет пить воду, которую Я дам ему, тот не будет жаждать вовек; но вода, которую Я дам ему, сделается в нем источником воды, текущей в жизнь вечную».*

Если выпить воды, то какое-то время не испытываешь жажды, но потом хочется вновь. Вода в этом отрывке из Писания означает вечную воду. Всякий, пьющий воду, которую дает Иисус, не будет жаждать никогда. А именно, жизнь дает источник «воды, текущей в жизнь вечную».

В Евангелии от Иоанна, 6:54-55, читаем: *«Ядущий Мою Плоть и пиющий Мою Кровь имеет жизнь вечную, и Я воскрешу его в последний день. Ибо Плоть Моя истинно есть пища, и Кровь Моя истинно есть питие».* То есть Плоть Иисуса и Его Кровь суть вода вечная.

Более того, Его «плоть» означает Слово Библии, потому что Иисус есть Слово, пришедшее в мир во плоти. Вкушать Его плоть значит держать в уме Его Слово, пребывать в нем, читая Библию.

Кровь Иисуса есть жизнь, и жизнь есть истина. Истина есть Христос, а Христос есть сила Божья. И все это суть Кровь Иисуса. Поскольку сила Божья дается по вере, питие Крови Иисуса означает послушание Его Слову с верою.

Вы узнали, что вода духовно символизирует плоть Иисуса – то есть Слово Божье и Агнца Божьего. Как вода очищает ваше тело, так Слово Божье смывает всякую грязь с вашего сердца.

Поэтому в церкви вы крещены водой, а крещение символизирует, что вы чадо Божье и ваши грехи прощены. А еще это значит, что вам должно размышлять над Словом Божьим и ежедневно им очищаться.

### Родиться вновь от воды

Как же можно смыть грязь с сердца Словом Божьим, которое есть вода вечная?

Вот четыре типа заповедей, которые Бог дает нам: делать одно, воздерживаться от другого, что-то хранить, а что-то в себе искоренять. Например, Бог заповедовал вам не завидовать, не враждовать, не осуждать, не красть, не прелюбодействовать и не убивать.

Следовательно, не должно вам делать то, что запрещено, и, в то же время, нужно отречься от всякого рода зла. Должно соблюдать Субботу, благовествовать, молиться и любить друг друга. С помощью Святого Духа ваше сердце постепенно наполнится истиной, а Слово Божье смоет ваши пороки и грехи. Исполняя Слово Божье, вы можете обрезать сердце ваше и преобразиться в истине. Это и есть «быть рожденным от воды».

Поэтому, чтобы получить полное спасение, вы должны не только принять Иисуса, но также и обрезать свое сердце послушанием Слову Божьему в каждый момент вашей жизни.

## Родиться вновь от Духа

Чтобы получить спасение, вы должны родиться от воды, но также и от Духа. Как родиться от Духа? В Деяниях, 19:2, апостол Павел спрашивает некоторых учеников: *«Приняли ли вы Святого Духа, уверовавши?»*. Что такое принять Святого Духа?

Первый человек Адам состоял из «духа», «души» и «тела» (1-е посл. к Фессалоникийцам, 5:23), но дух умер в результате его непослушания. После того он стал существом, ничем не лучшим животного, сотворенного с душою и телом (Кн. Екклесиаста, 3:18).

Если вы раскаиваетесь в грехах, признавая себя грешником, Бог дает вам в дар Святого Духа в знак того, что вы Его дитя (Деяния, 2:38).

Любое чадо Божье, принявшее Духа Святого, способно через Слово Божье различить добро и зло, жить по заповедям Божьим, обладать властью и силой Небес, обретаемой через постоянные искренние молитвы.

Так вы преображаетесь в истину и имеете духовную веру в меру того, насколько вы послушны Святому Духу. В Евангелии от Иоанна, 3:6, говорится: *«Рожденное от плоти есть плоть, а рожденное от Духа есть дух»*, и там же, 6:63, замечено: *«Дух животворит, плоть не пользует нимало; слова, которые говорю Я вам, суть дух и жизнь».*

## Стать человеком Духа, следуя за Духом Святым

Когда вы рождены от воды и Духа Святого, вы обретаете жительство на Небесах – небесное гражданство (Посл. к Филиппийцам, 3:20). Как чадо Божье вы посещаете богослужения, с радостью воздаете Ему хвалу и стараетесь жить во Свете.

До принятия Святого Духа вы жили во тьме, потому что не знали истины. Однако, приняв Святого Духа, вы стараетесь жить во Свете.

Со временем вы обнаруживаете, что радость присутствует в вашем сердце, но внутри себя вы постоянно ощущаете конфликт. Это потому, что закон Духа, который следует за пожеланиями Святого Духа, борется с законом греховной природы, которая следует пристрастиям греховного человека, похоти глаз и гордости житейской (1-е посл. Иоанна, 2:16).

Апостол Павел говорил об этой борьбе: *«Ибо по внутреннему человеку нахожу удовольствие в законе Божием; но в членах моих вижу иной закон, противоборствующий закону ума моего и делающий меня пленником закона греховного, находящегося в членах моих. Бедный я человек! кто избавит меня от сего тела смерти?»* (Посл. к Римлянам, 7:22-24).

Рожденный от воды и Духа, только-только стал дитем Божьим. Это не означает, что вы уже духовно совершенная личность.

Поэтому Послание к Галатам, 5:16-17, предупреждает: *«Я говорю: поступайте по духу, и вы не будете исполнять вожделений плоти; ибо плоть желает противного духу, а дух – противного плоти: они друг другу противятся, так что вы не то делаете, что хотели бы».*

Для того чтобы следовать за Духом Святым, нужно жить по Слову Божьему и делать приемлемое и угодное Богу. Так, если мы исполняем желания Духа, то нас не постигнет искушение и мы сможем победить врага - дьявола и сатану, который искушает нас утолять желания греховной природы. Мы сможем жить по истине и преданно посвятить себя Царству Божьему и Его праведности.

Если мы следуете за желаниями Святого Духа, то пребываем в радости и в мире. А пойдем на поводу страстных вожделений греховной природы, будут несчастья и тяготы.

Когда наша вера становится более зрелой, мы обретаем способность отрекаться от грехов и идти за Духом Святым при всех обстоятельствах. Внутренние вожделения наши, толкающие нас следовать на поводу греховной природы, исчезнут. Кроме того, нам больше не надо будет заставлять себя бороться с грехами и мучиться от неприятностей. Мы сможем всегда радоваться, при любых обстоятельствах.

Богу угодны те, кто живет по желаниям Духа. Он дает им желания их сердец, обещанные в Псалме, 36:4: *«Утешайся ГОСПОДОМ, и Он исполнит желания сердца твоего».*

Если вы измените свое сердце так, что оно будет наполнено только истиной, Бог будет очень вами доволен и сделает для вас возможным все. Надеюсь, вы родитесь от воды и Духа, и будете жить в соответствии с водительством Духа.

## Три свидетеля: Дух, Вода и Кровь

Как я уже объяснял, чтобы стать спасенным, вам нужно родиться от воды и Духа. Однако, чтобы получить полное спасение, мы, живя во Свете, должны быть очищены от грехов кровью Иисуса.

Если наше сердце не очищено, на нас все еще есть грехи. Поэтому, чтобы быть очищенным от оставшихся грехов, нам нужна Кровь Иисуса.

Вот, что об этом нам говорит 1-е послание Иоанна, 5:5-8:

> *«Кто побеждает мир, как не тот, кто верует, что Иисус есть Сын Божий? Сей есть Иисус Христос, пришедший водою и кровию и Духом, не водою только, но водою и кровию; и Дух свидетельствует о [Нем], потому что Дух есть истина. Ибо три свидетельствуют на небе: Отец, Слово и Святый Дух; и Сии три суть едино. И три свидетельствуют на земле: дух, вода и кровь; и сии три об одном».*

### Иисус, пришедший водою и кровию

В Евангелии от Иоанна, 1:1, читаем: *«Слово было Бог»*, а

в стихе 14-ом: *«И Слово стало плотию, и обитало с нами, полное благодати и истины; и мы видели славу Его, славу, как единородного от Отца»*. То есть Иисус, Единственный Сын Бога и само Слово Бога, пришел на землю во плоти, чтобы простить нам грехи наши. Даже сегодня Он продолжает очищать нас Словом Божьим – Библией.

Однако мы не можем жить в соответствии со Словом Божьим без помощи Духа Святого. Невозможно отбросить грехи своими собственными силами. Необходимо через ревностную молитву получить помощь Святого Духа, чтобы смочь удалить вожделения греховной природы, похоть очей и гордость житейскую. Только тогда мы рассеем тьму и неправду в своем сердце.

А, кроме того, чтобы стать прощенным, нужно пролитие крови. В Послании к Евреям, 9:22, сказано: *«Да и все почти по закону очищается кровью, и без пролития крови не бывает прощения»*. Нам нужна кровь Иисуса, потому что только Его, непорочная и пречистая, кровь дает нам прощение.

Мы должны верить в Иисуса, пришедшего водою и кровью, и принять Святого Духа как дар от Бога, чтобы получить спасение, для которого нужны: Дух, вода и кровь.

Если нет пролития крови, нет и прощения, и грех остается на нас. Нужно не только Слово – вода, чтобы очиститься, но и Дух Святой, чтобы он помог нам жить в полном соответствии с этим Словом. И тогда «сии три об одном» будут в согласии.

Поэтому нам надлежит, после того как мы приняли Иисуса Христа и получили прощение грехов, продолжить свое рождение от воды и Духа, чтобы обрести совершенное спасение, понимая факт того, что триединство Духа, воды и крови спасает и ведет нас на Небеса.

СЛОВО О КРЕСТЕ

Глава 10

# Что такое ересь?

- Библейское определение ереси
- Дух истины и дух лжи
- Остерегайтесь некоторых еретических сект

СЛОВО О КРЕСТЕ

*«Были и лжепророки в народе, как и у вас будут лжеучители, которые введут пагубные ереси и, отвергаясь искупившего их Господа, навлекут сами на себя скорую погибель. И многие последуют их разврату, и через них путь истины будет в поношении. И из любостяжания будут уловлять вас льстивыми словами; суд им давно готов, и погибель их не дремлет».*
2-е послание Петра, 2:1-3

С развитием материалистического общества люди пришли к отрицанию Бога, потому что стали полагаться на свою мудрость и знания. И, при умножении и распространении грехов, дух человеческий все более заполнялся тьмой и растлевался. Как следствие, многие люди утратили способность отличить истинное от ложного. Они также напрасно судят других, основываясь на своих собственных добродетелях, знаниях и теориях.

В Евангелии от Матфея, 12:22-32, Иисус исцелил одержимого, который был слеп и нем. Однако фарисеи, услышав об этом, говорили: *«Он изгоняет бесов не иначе, как [силою] веельзевула, князя бесовского»* (ст.24). Они посчитали, что это дело Божье было совершено демоном.

И здесь же, 12:31-32, Иисус сказал им: *«Посему говорю вам: всякий грех и хула простятся человекам; а хула на Духа не простится человекам; если кто скажет слово на Сына Человеческого, простится ему; если же кто скажет на Духа Святого, не простится ему ни в сем веке, ни в будущем»*.

Фарисеи пришли к выводу, что то, что сделал Иисус силой Божьей, было делом бесовским. А это богохульство против Духа Святого. Поэтому фарисеи, вероятно, прощены быть не могли.

Если вы, основываясь на Библии, четко различаете

истину от лжи, то других людей судить не будете, и не прельститесь тем, что ложно.

Давайте глубже рассмотрим «ереси» с Божьей точки зрения и выясним, как различить Дух Божий и духов нечистых, и поговорим о некоторых еретических сектах, которых надо опасаться.

## Библейское определение ереси

Оксфордский словарь определяет «ересь» как «верование, или мнение, противоречащее принципам определенной религии». Некоторые люди считают правильным только то, во что они сами верят, а ко всем другим религиям относятся как к ереси. К примеру, для буддистов только буддизм - верный и правильный путь. Для них другие религии, например, конфуцианство, не являются истинными.

### Обвинение Павла как главаря еретической секты

В Деяниях, 24:5, читаем: *«Нашедши сего человека язвою [общества], возбудителем мятежа между Иудеями, живущими по вселенной, и представителем Назорейской ереси...»* Здесь, под «Назорейской ересью» понимается «еретическая секта», и это первое место в Библии, где встречается слово «ересь».

Иудеи выдвинули перед правителем обвинение против Павла, поскольку думали, что проповедуемое Павлом

Евангелие было еретическим. Павел опроверг обвинение и исповедал свою веру, как это описано в Деяниях, 24:13-16:

> *«...И не могут доказать того, в чем теперь обвиняют меня; но в том признаюсь тебе, что по учению, которое они называют ересью, я действительно служу Богу отцов [моих], веруя всему написанному в законе и пророках, имея надежду на Бога, что будет воскресение мертвых, праведных и неправедных, чего и сами они ожидают; посему и сам подвизаюсь всегда иметь непорочную совесть пред Богом и людьми».*

### Действительно ли апостол Павел был еретиком?

Нужно посмотреть определение ереси в Библии, потому что Библия есть Слово Бога, единственно истинной Сущности, способной отличить правду от лжи. Определение «еретической секты» в Библии встречается пять раз. Однако определение самого понятия ереси дается только однажды.

> *«Были и лжепророки в народе, как и у вас будут лжеучители, которые введут пагубные ереси и, отвергаясь искупившего их Господа, навлекут сами на себя скорую погибель» (2-е посл. Петра, 2:1).*

Слова «искупившнго их Господа» относятся к Иисусу Христу. Изначально человек принадлежал Богу и жил по Его воле. Но после неповиновения Адам стал грешником, принадлежащим дьяволу. Однако Бог сжалился над людьми, вставшими на путь, ведущий к смерти. Бог послал Иисуса, Своего Единственного Сына как жертву умилостивления. Он допустил, чтобы Его распяли, чтобы через Свою кровь Он мог открыть путь спасения.

Бог трудился для нас, принадлежавших дьяволу, чтобы, уверовав в Иисуса Христа, мы могли получить прощение своих грехов. Вместе с тем мы получаем жизнь и вновь начинаем принадлежать Богу. Поэтому можно сказать, что Иисус искупил нас Своим распятием, а Библия говорит нам, что Иисус есть «Господь Вседержитель, искупивший их».

### Еретики отрекаются от Иисуса Христа

Теперь мы знаем, что «еретики» это те, которые «отвергаясь искупившего их Господа, навлекут сами на себя скорую погибель» (2-е посл. Петра, 2:1). Это понятие никогда не использовалось, покуда Иисус не завершил Свою миссию Спасителя. Имя «Иисус» означает «[тот, Кто] спасет Свой народ от их грехов». «Христос» – это «Помазанник». Иисус стал Спасителем, когда завершил свою миссию - был распят и воскрес.

Поэтому этот термин нельзя найти в Ветхом Завете или в Евангелиях от Матфея, Марка, Луки и Иоанна, которые описывают жизнь Иисуса. Даже фарисеи, учителя Закона, и священники, преследовавшие Иисуса, не обращались к этому понятию. Первосвященники тоже не использовали этот термин.

Только после того как Иисус воскрес, дабы завершить Свою миссию Христа, появились «люди, отвергающие искупившего их Господа». И только тогда Библия начала предупреждать нас о еретиках.

Поэтому, если люди веруют в Иисуса Христа как «искупившего их Господа» – они не еретики. Если же они отрекаются от Него – они еретики.

Апостол Павел не отрекался от Иисуса Христа, выкупившего его ценой Своей драгоценной Крови. Напротив, Павел благодарил Иисуса Христа, Которого и провозглашал везде, куда бы ни шел, был за это гоним и заплатил высокую цену. Пять раз он получил от иудеев без одного сорок ударов. Однажды его закидали камнями. Он был в темницах, его преследовали язычники и соотечественники, он был предан теми, кому доверял. Несмотря на все это, Павел стал мужем великой силы, преодолевая все страдания с радостью и благодарностью, и прославлял Бога, исцеляя множество народа во имя Иисуса Христа, до дня своей мученической смерти.

## Павел проповедовал Евангелие, демонстрируя силу Божью

Мы должны знать, что сила Божья не может быть показана тем, кто отвергает Бога Творца и Иисуса Христа, Бога по самой Своей природе, потому что Библия недвусмысленно говорит: *«Однажды сказал Бог, и дважды слышал я это, что сила у Бога»* (Псалом, 61:12).

Мы не должны судить человека, демонстрирующего силу

Божью. Ведь эта сила доказывает, что с ним Бог, и что человек этот любит Бога великой любовью. В Послании к Галатам, 1:6-8, Павел, которого назвали главарем Назорейской еретической секты, строго предупреждает не следовать и не проповедовать никакого иного Евангелия, отличного от слова о кресте:

*«Удивляюсь, что вы от призвавшего вас благодатью Христовою так скоро переходите к иному благовествованию, которое [впрочем] не иное, а только есть люди, смущающие вас и желающие превратить благовествование Христово. Но если бы даже мы или Ангел с неба стал благовествовать вам не то, что мы благовествовали вам, да будет анафема».*

Даже сегодня некоторые люди считаются еретиками, хотя они никогда и не отрекались от Иисуса Христа, а проповедуют только благовествование Христово, провозглашают Живого Бога, демонстрируя Его силу.

### Не судите необдуманно других как еретиков

Я тоже пострадал и перенес ряд преследований, будучи обвиняем в ереси, когда являл силу Божью и моя церковь росла. На самом деле, за последние два десятилетия, с момента ее основания в 1982 году, церковная община выросла до более 80 тыс. членов.

Семь лет я страдал от многих болезней, но был исцелен

силой Божьей. После того ел ли, или пил я, я старался жить во славу Божью, так, как это делал апостол Павел. Я вверил свою жизнь в руки Божьи и во главу ее поставил «только Иисуса, всегда Иисуса».

С того времени, когда я еще был мирянином, я пытался свидетельствовать, что Бог исцелил меня, и проповедовать Евангелие. После того как я был призван в служители Божьи, я проповедовал слово о кресте и провозглашал Живого Бога и Спасителя Иисуса. Я свидетельствовал о Боге, даже исполняя обязанности при бракосочетании, потому что страстно желал привести как можно больше людей на путь спасения.

Я осознал, что всесильное Слово Божье и доказательства о Живом Боге необходимы, чтобы свидетельствовать о Господе даже до краев земли. Так, я страстно молился, как это делали праотцы веры, чтобы принять силу Божью, и прошел все выпавшие мне испытания с благодарностью и радостью.

Иногда эти испытания были подобны смерти. Однако, как Иисус принял славу Воскресения после Своей безвинной смерти, так Бог умножал и мою силу по Своей воле, всякий раз, когда я, одно за другим, преодолевал испытания.

В результате, каждый раз, когда я, начиная с 2000 года, свидетельствовал по всему миру, почему Бог есть Единственный Истинный Бог и почему мы спасены, когда веруем в Иисуса Христа, в Кении, Уганде, Гондурасе, Японии, даже в мусульманском Пакистане и индуистской Индии десятки тысяч людей каялись; слепые обретали зрение, немые начинали говорить, глухие - слышать, а такие неизлечимые болезни, как ВИЧ, различные виды рака, исцелялись. Эти чудеса возвеличивали и прославляли Бога.

Поэтому, тот, кто полностью понимает, что такое ересь, не судит легкомысленно других как еретиков. В Деяниях святых Апостолов, 5:33-42, мы читаем о прославляемом всем народом учителе закона Гамалииле. Как он действовал?

Когда фарисеи Синедриона запретили Петру и Иоанну свидетельствовать об Иисусе Христе, то те, будучи исполнены Духом Святым, не подчинились решению Совета. За что члены Синедриона хотели умертвить апостолов. Однако Гамалиил встал в Синедрионе и приказал на некоторое время вывести обвиняемых. Затем он обратился к Синедриону:

> *«Мужи Израильские! подумайте сами с собою о людях сих, что вам с ними делать: ибо незадолго перед сим явился Февда, выдавая себя за кого-то [великого], и к нему пристало около четырехсот человек; но он был убит, и все, которые слушались его, рассеялись и исчезли. После него во время переписи явился Иуда Галилеянин и увлек за собою довольно народа; но он погиб, и все, которые слушались его, рассыпались. И ныне, говорю вам, отстаньте от людей сих и оставьте их: ибо если это предприятие и это дело - от человеков, то оно разрушится, а если от Бога, то вы не можете разрушить его; [берегитесь], чтобы вам не оказаться и богопротивниками» (Деяния, 5:35-39).*

Когда читаешь этот отрывок, понимаешь, что, если чудесное дело не Божье, или не от Бога, оно в конце концов разрушится, даже если люди и не будут ничего предпринимать, чтобы остановить его. Однако если они противостоят или мешают делу, которое от Бога, они не смогут воспрепятствовать ему. Напротив, их усилия будут считаться сопротивлением Богу и подвергнутся наказанию и осуждению.

Иногда люди судят других как еретиков на основании различий в толковании Библии, видениях от Духа Святого и даже из-за умения говорить на языках. Хотя все признают Троицу и что Иисус Христос пришел во плоти.

Некоторые люди даже говорят, что не нуждаются в языках или видениях, и эти дела Святого Духа неверны, потому что нигде не упоминается, чтобы Иисус говорил на языках или имел видения. Однако Библия говорит, что они даны нам во благо:

> *«Но каждому дается проявление Духа на пользу: одному дается Духом слово мудрости, другому слово знания, тем же Духом; иному вера, тем же Духом; иному дары исцелений, тем же Духом; иному чудотворения, иному пророчество, иному различение духов, иному разные языки, иному истолкование языков. Все же сие производит один и тот же Дух, разделяя каждому особо, как Ему угодно» (1-е посл. к Коринфянам, 12:7-11).*

Следовательно, нельзя злословить или судить имеющих

различные дары Духа как еретиков только потому, что у вас таких даров нет.

### Дух истины и дух лжи

Во 2-м послании Петра, 2:1-3, есть объяснение относительно ереси. Библия предупреждает нас о лжепророках и лжеучителях, которые тайно привносят погибельные ереси. «*...Многие последуют их разврату, и чрез них путь истины будет в поношении. И из любостяжания будут уловлять вас льстивыми словами; суд им давно готов, и погибель их не дремлет*» (ст. 2-3).

Так же и 1-е послание Иоанна, 4:1-3, говорит: «*Возлюбленные! не всякому духу верьте, но испытывайте духов, от Бога ли они, потому что много лжепророков появилось в мире. Духа Божия (и духа заблуждения) узнавайте так: всякий дух, который исповедует Иисуса Христа, пришедшего во плоти, есть от Бога; а всякий дух, который не исповедует Иисуса Христа, пришедшего во плоти, не есть от Бога, но это [дух] антихриста, о котором вы слышали, что он придет и теперь есть уже в мире*».

#### Испытывайте духов - от Бога они, или нет

Есть добрые духи, принадлежащие Богу, они ведут нас к спасению, и в то же время есть злые духи, обманывающие и толкающие к погибели.

С одной стороны, кому дан Дух Божий, тот признает, что Иисус Христос пришел во плоти. Такой верует в Троицу – Бога, Иисуса Христа и Духа, и поэтому является чадом Божьим. Он знает правду и может жить по истине с помощью Духа.

С другой стороны, имеющий духа антихриста противостоит Иисусу Христу со Словом Божьим и отвергает Его искупительную жертву. Вы должны быть осторожны и способны отличать антихристов, потому что антихрист часто действует среди верующих, искажая Слово Божье.

В любом случае, отрицание Иисуса Христа ничем не отличается от противоборства Богу, пославшему Его в этот мир.

Библия предупреждает об антихристах во 2-м послании Иоанна, 1:7-8, так:

*«Ибо многие обольстители вошли в мир, не исповедующие Иисуса Христа, пришедшего во плоти: такой [человек] есть обольститель и антихрист. Наблюдайте за собою, чтобы нам не потерять того, над чем мы трудились, но [чтобы] получить полную награду».*

И в 1-м послании Иоанна, 2:19, еще одно предупреждение нам:

*«Они вышли от нас, но не были наши; ибо, если бы они были наши, то остались бы с нами; но [они вышли, и] чрез то открылось, что не все наши».*

Есть два типа антихристов: человек, одержимый духом антихриста, и человек, обманутый духом антихриста. Оба пытаются обольстить тех, в ком живет Святой Дух. Они пленяют людей, заставляя противиться Слову Божьему, и обманывают, вкладывая им в голову определенные мысли. Тех, чьи мысли полностью контролируются духом антихриста, называют «одержимыми бесом».

Если служителя одолел дух антихриста, члены церкви будут приближаться к погибельному пути, плененные духом антихриста.

Поэтому нам нужно четко знать о Духе истины и духе лживом, чтобы не оказаться обольщенными духом антихриста, но жить по истине и во Свете.

## Как распознать духов

1-е послание Иоанна, 4:5-6, говорит: *«Они от мира, потому [и] говорят по-мирски, и мир слушает их. Мы от Бога: знающий Бога слушает нас; кто не от Бога, тот не слушает нас. По сему-то узнаем духа истины и духа заблуждения».*

Термин «ложный» означает «содержащий ложь, неправильный». Дух лживый – это мирской дух, обманывающий и толкающий нас верить неправде, выдавая ее за истину, и заставляющий выйти за границы веры. Кто от Бога, тот слушает слово истины, а принадлежащие миру слушают мирские высказывания. Их легко различить. Если знаем истину, то нам совершенно очевидно, где Свет, а где тьма. И тогда можем сказать: «Этот человек в истине, а тот во тьме».

Например, если кто-то в воскресенье говорит: «Поедем сегодня во второй половине дня на пикник. Давайте сходим только на утреннюю службу. Это будет нормально, не так ли?» или если кто-то пытается разрушить Царство Божье дьявольскими уловками, а все еще заявляет, что верит в Бога, и то и другое – дела духа лжи.

Мы можем понять многое, дарованное нам от Бога, если приняли Дух истины, который от Бога (1-е посл. к Коринфянам, 2:12). Поэтому Святой Дух живет в нас – драгоценных чадах Божьих. Он есть Дух истины и ведет нас к пониманию всей истины. Он говорит не Сам от Себя, Он говорит только то, что Он слышит, и Он скажет нам, чему еще надлежит произойти.

Поэтому Иисус говорит в Евангелии от Иоанна, 14:16-17: *«...Умолю Отца, и даст вам...Духа истины, Которого мир не может принять, потому что не видит Его и не знает Его; а вы знаете Его, ибо Он с вами пребывает и в вас будет»*. И здесь же, 15:26, еще раз напоминается о Святом Духе: *«Когда же приидет Утешитель, Которого Я пошлю вам от Отца, Дух истины, Который от Отца исходит, Он будет свидетельствовать о Мне»*.

И в 1-ом послании Коринфянам, 2:10, читаем: *«А нам Бог открыл [это] Духом Своим; ибо Дух все проницает, и глубины Божии»*. Как написано, Святой Дух – единственный, кто полностью знает и проницает разум Божий.

Следовательно, принявшие Дух истины слушают слово истины и исполняют его. Чем более расширяется Царство Божье и Его праведность, тем более они радуются. Они исполнены жизни, страстно желая Царствия Божьего.

А иные просто посещают церковь без радости, потому что не имеют Богом данной веры. Они все еще принадлежат миру и предпочитают мирские утехи, вроде денег и развлечений. Таким образом, они не могут жить в истине, желать Небесного Царства и от всего сердца любить Бога.

В конечном счете, такие люди оставляют Бога, потому что принадлежат миру и не имеют Духа истины. И тот не от Духа истины, если он злословит или сплетничает о других братьях и сестрах по вере, или докучает другим из зависти к тому, что те верны Царству Божьему и Его праведности.

### Не позволяйте сбить себя с пути

1-е послание Иоанна, 3:7, увещевает нас: *«Дети! да не обольщает вас никто. Кто делает правду, тот праведен, подобно как Он праведен»*. Нам нельзя отворачиваться от Слова Божьего, чтобы не обольститься неверным знанием, потому что ничто, кроме Слова Божьего, не может нас ничему научить. Только тогда мы обретем полное спасение, будем процветать в этом мире и наслаждаться вечной жизнью в Царстве Небесном.

Однако дьявол прилагает все усилия, чтобы не позволить чадам Божьим жить по Слову, заставляет нас идти на компромисс с миром, отвернуться от Бога, усомниться в Нем и противостать Ему. В 1-м послании Петра, 5:8 сказано: *«Трезвитесь, бодрствуйте, потому что противник ваш диавол ходит, как рыкающий лев, ища, кого поглотить»*.

Каким же образом враг - дьявол и сатана - обманывает

детей Божьих? Это можно понять, если представить себе женщину, искушаемую мужчиной. Если женщина несет себя с изяществом и благородством и у нее хорошие манеры, мужчины не посмеют даже попытаться совратить ее. И напротив, мужчина легко соблазнит ту, которая ведет себя неприлично. Так же и враг - дьявол и сатана - будет подбираться к тем, кто нетвердо стоит в истине и сомневается в Боге. Дьявол искушает таких людей отвернуться от Бога и противиться Ему и, в конечном счете, ведет их на путь смерти. Так, дьявол искусил Еву, которая исказила Слово Божье, ибо была поймана врасплох.

Конечно, вы можете рассказать об испытаниях, павших на вас, хотя вины вашей никакой не было. Это потому, что Бог желает благословить вас тем же путем, который можно видеть в испытаниях Даниила, брошенного в ров со львами, или в испытаниях Авраама, когда ему следовало пожертвовать своим сыном, принеся его в жертву всесожжения.

Когда мы сталкиваемся с испытаниями или трудностями, потому что нетвердо стоим в истине, нам нужно немедленно отвернуться от своих грехов с покаянием, изгнать все искушения и испытания Словом Божьим и всеми силами стараться твердо встать на камень истины.

### Твердо стойте в истине; не обманывайтесь

В 1-м послании к Тимофею, 4:1-2, автор пишет: *«Дух же ясно говорит, что в последние времена отступят некоторые от веры, внимая духам обольстителям и учениям бесовским, чрез лицемерие лжесловесников, сожженных в совести своей»*.

Это относится к последним временам, когда некоторые, заявляющие, что имеют веру, отвернутся от своей веры, следуя за духом обмана и тем, чему учат бесы.

Обманутые лицемерят, даже если их дела кажутся благоверными и праведными. Они молятся на виду у всех, пытаются быть верными, но из-за денег, а не из благодарности Богу за Его благодать. Наконец они оставляют свою веру и идут на путь смерти, потому что их совесть выжигается ложью, как каленым железом, поскольку они живут без истины и потворствуют своим желаниям мирских удовольствий.

Бог строго предупреждает нас через Библию не поддаваться обольщению. В Евангелии от Матфея, 7:15-16, Иисус предостерегает нас: *«Берегитесь лжепророков, которые приходят к вам в овечьей одежде, а внутри суть волки хищные: по плодам их узнаете их. Собирают ли с терновника виноград или с репейника смоквы?»*.

Слова и дела человека отражают его мысли и волю. То есть можно узнать человека по плодам. Тот лжепророк, чьи злые плоды – ненависть, зависть, ревность, и кто не имеет плодов истины, благодати и праведности.

Многие лжепророки и антихристы уже живут в этом мире. Поэтому чадам Божьим нужно иметь здравое представление о ереси и уметь распознавать духа истины от духа лжи.

Враг - дьявол и сатана - никогда не упустит возможность обмануть Божьих детей и толкнуть их к греху, всякий раз, когда они отступают от истины. Если мы постоянны в истине и подчиняемся ей, мы не обманемся ложью, но с легкостью разрушим ее, когда бы она не подступила к нам.

Мы не должны ни принимать, ни держаться никакого другого учения и не обманываться учениями, которые противоречат истине. Вместо этого слушайтесь Слова Божьего и следуйте желаниям Святого Духа, чтобы нам быть мужественными и непорочными во Второе пришествие нашего Господа Иисуса Христа.

## Остерегайтесь некоторых еретических сект

Наряду с тем, как Евангелие было провозглашено во всех уголках мира, возникли и многие еретические секты. Они обманывали и вели детей Божьих путем смерти.

Их характеризуют некоторые общие факторы. Они пренебрегают Библией и искажают Евангелие. Они также возводят в ранг святых основателей своей религии, придавая особое внимание их писаниям. Они не проповедуют слово о кресте, воскресении и возвращении Иисуса Христа. Вместо этого они обманывают людей и отвращают их от Бога. Более того, большинство из них жадны и зарабатывают на обмане деньги.

Давайте подробнее рассмотрим некоторые из них.

Во-первых, будьте осторожны с так называемой «Церковью объединения», «Ассоциацией Святого Духа для объединения всемирного христианства», основанной Санья Муном. Церковь объединения отвергает божественность Иисуса Христа и Троицы, рассматривая

Иисуса как обычного человека. Кроме того, они утверждают, что Иисус спас только наш дух, а не нашу тленную плоть. Они заявляют, что для спасения нашей тленной плоти необходимо Второе пришествие господа. На основании их собственного писания - «Толкование основополагающих принципов» - они также учат, что Санья Мун и является тем самым «господом».

Мун называет себя возвратившимся спасителем. Он прилагает все свои усилия для получения финансов от различных корпораций в Корее, США и Европе, благодаря чему невероятно разбогател.

Во-вторых, вам следует быть осторожными со «Свидетелями Иеговы». Организация зародилась в XIX веке в США. Они отрицают Троицу и считают, что Иисус – один из Божьих творений. Они настаивают на том, что Второго пришествия Иисуса Христа не будет и что Небесное Царство существует в этом мире.

Они также веруют, что Божье Царство началось на земле в 1914 году. Они проповедуют свое писание - «Перевод Нового Мира». По причине неправильного понимания Тысячелетнего Царства, «Свидетели Иеговы» являются весьма противоречивым движением, представители которого отказываются проходить воинскую службу и оказывать уважение национальному флагу.

В-третьих, вы должны быть осторожны с мормонами, приверженцами «Церкви Иисуса Христа святых последних дней». Основанная в 1830 г. в США Джозефом Смитом, церковь мормонов является одной из основных еретических сект, наряду со «Свидетелями Иеговы» и «Христианской наукой». Они учат «Книге Мормона» и отрицают, что Иисус есть наш Спаситель, не признают первородный грех и Троицу. Они близки к политеизму.

В-четвертых, вы должны быть осторожны с «Корейской ассоциацией евангелизационного возрождения Иисуса». Во время своего основания она называлась «Ассоциация евангелизации», но в 1980 г. получила название «Церкви Небесного Отца». Ее основатель Тхэ Сон Пак уже умер. Он называл себя «праведником с Востока», или «древом масленичным», проповедовал другого Бога, отличающегося от Бога христианства, и утверждал, что является посланным Богом «спасителем». Эта секта обладает своим собственным писанием под названием «Принцип тайны», в котором утверждается, что спасение даруется не Христом, а только их учителем. Секта отделилась от христианства и учредила свои миссионерские ассоциации во многих городах Кореи. Кроме того, она имеет в своем распоряжении несколько компаний, таких, как «Шинан-Чон» и «Сион».

Таким образом, к нашему удивлению, в эти дни существует множество еретиков. Это те, кто препятствуют делам Иисуса Христа, неподобающе используют Слово Божье, отрицают Небесное Царство, отождествляют себя с Иисусом Христом и отрицают весть о кресте, Троицу и деяния Святого Духа, лжепророки, и многие другие.

Иисус говорит нам: *«Добрый человек из доброго сокровища выносит доброе; а злой человек из злого сокровища выносит злое. Говорю же вам, что за всякое праздное слово, какое скажут люди, дадут они ответ в день суда: ибо от слов своих оправдаешься, и от слов своих осудишься»* (От Матфея, 12:35-37).

Добрый человек имеет доброе сердце и не может причинить зло и вред другим людям, независимо от того, принесет это ему пользу или нет.

Однако злой человек не способен радоваться истине. Он творит всякого рода зло, чтобы из зависти и ревности помешать другим. Хотя слова его кажутся правильными и справедливыми, невозможно сказать, что это добрый человек, если он говорит зло о других или сеет раздор.

Поэтому мы всегда должны молиться и бодрствовать, чтобы не стать жертвой обмана. Мы должны уметь различать дух истины и дух неправды, никогда не осуждая других. Более того, мы должны стоять с верой в Троицу – Отца, Сына и Святого Духа, веровать в истинность всей Библии и исполнять ее.

«Ей, гряди, Господи Иисусе!»

## Об авторе
# Доктор Джей Рок Ли

Доктор Джей Рок Ли родился в Муане провинции Чолла-нам (Республика Корея) в 1943 году. В возрасте двадцати лет у преподобного д-ра Ли был диагностирован целый ряд неизлечимых заболеваний. Семь долгих лет он страдал от болезни и ожидал смерти, не надеясь даже на выздоровление. Но весной 1974 года, находясь в церкви, куда его привела сестра, желавшая помолиться о выздоровлении брата, он внезапно обрел Божье исцеление от всех болезней.

В тот самый момент преподобный д-р Джей Рок Ли встретил Живого Бога, возлюбил Его всем сердцем и душой, а в 1978 году получил призвание к служению Богу. Он горячо молился о полном понимании и исполнении воли Божьей, полностью следуя Его Слову. В 1982 году он основал церковь Манмин Чунан в Сеуле (Южная Корея), в которой происходили многочисленные Божьи деяния, включая чудесные исцеления и знамения.

В 1986 г. преподобный д-р Ли был рукоположен на пасторское служение на Ежегодной ассамблее церкви Иисуса в Сунькйул (Корея), а спустя четыре года, в 1990 году, его проповеди стали транслироваться Дальневосточной широковещательной компанией, Азиатской телерадиокомпанией и Вашингтонской христианской радиокомпанией в Австралии, России, на Филиппинах и в других странах.

Еще через три года, в 1993 г., Центральная церковь «Манмин» вошла в список «пятидесяти ведущих церквей мира» журнала «Крисчиан Уорлд» (США), а сам пастор получил почетную степень доктора богословия от колледжа «Крисчиан Фэйт» (Флорида, США). В 1996 он получил степень доктора философии служения в теологической семинарии «Кингсуэй» (Айова, США).

С 1993 года д-р Ли ведет миссионерское служение в США, Танзании, Аргентине, Уганде, Японии, Пакистане, Кении, на Филиппинах, в Гондурасе, Индии, России, Германии и Перу. В 2002 году за проведение миссионерских кампаний за рубежом был назван «всемирным пастором» редакцией крупной христианской газеты в Южной Корее.

На май 2010 года Центральная церковь «Манмин» насчитывает более 100 тыс. прихожан и 9 тыс. приходов в Корее и других странах, направляя более 131 миссионеров в 23 стран, включая США, Россию, Германию, Канаду, Японию, Китай, Францию, Индию, Кению и многие другие.

На сегодняшний день преподобный д-р Ли является автором 59 книг, включая такие бестселлеры, как «Откровения вечной жизни в преддверии смерти», «Моя жизнь, моя вера»( I и II), «Слово о Кресте», «Мера веры», «Небеса» (I и II), «Ад» и «Сила Божья». Его труды переведены на более чем 44 языков.

В настоящий момент преподобный д-р Ли возглавляет многие миссионерские организации и ассоциации, в том числе является председателем Объединенной корейской церкви Святости, президентом Национальной Евангелизационной газеты, президентом Всемирной миссии Манмин, основателем Манмин ТВ, основателем и председателем совета «Глобальной христианской сети» (ГХС), «Всемирной сети врачей-христиан» (ВСВХ), основателем и председателем совета Международной семинарии Манмин (МСМ).

## Другие книги того же автора

**Небеса I: чистые и прекрасные, как кристалл
Небеса II: преисполненные славы Божьей**

Красочное и подробное описание прекрасных обителей, где блаженствуют граждане Небес, и превосходное разъяснение различных уровней Небесных царств

**Ад**

Бог искренен в своем послании человечеству, так как желает, чтобы ни единая душа не оказалась в бездне ада! Вы узнаете о чудовищной жестокости Нижней могилы и ада

**Мера Веры**

Какие небесные обители, венцы и награды уготованы нам на Небесах? Эта книга станет для читателя источником мудрости и руководством для определения меры своей веры и роста в в ней

**Откровения о вечной жизни в преддверии смерти**

Воспоминания-исповедь преподобного д-ра Джей Рока Ли, рассказ о рождении свыше, спасении и жизни человека, ведущего христианскую жизнь, достойную подражания

**Пробудись, Израиль!**

Почему Бог держит Израиль в поле своего зрения от начала мира и по сей день? Каково провидение последних дней, уготованное Богом для Израиля, ожидающего Мессию?

www.ingramcontent.com/pod-product-compliance
Lightning Source LLC
LaVergne TN
LVHW091717070526
838199LV00050B/2439